飛行機模型低級技術指南

飛行機大名モデリングのすすめ

はじめに

漫画家けらえいこに『あたしンち』という作品がある。ある日、主人公、立花みかんの弟ユズヒコが味噌汁をひと口飲んで「なんだこれ、うまいじゃん」と感動。母はいつも買ってる一番安い味噌が売り切れだったから、別の味噌を買ってきたと言う。「だったら、これからずっとこの味噌にしてよ」とユズヒコ。母は「なんてことを言うの、子供に一番安い味噌を食べさせる。これが親にできるせめてものことよ」と、涙ぐむのであった。

そーなのである。一番低いところからスタートすれば後が楽。子供の頃から超高級味噌を食べてたら、残りの人生どうする？　もっと美味しい味噌を見つけられるのか。口にする味噌汁がだんだんまずくなってゆく下り坂人生になってしまうではないか。飛行機模型も、低級技術から始めれば、何をやっても進歩。じりじりと良くなってゆくのである。

では低級技術とは何か。

ローガンは小学校一、二年生くらいから模型を作っている。もはや50年である。だから、いくらヘタでも初級ではないのである。もちろん上級ではない。中級か、いやあ、まだまだ。だから低級なのである。

そんなことで、いったん低級を自認してしまうとすべてがすごく楽。周囲の人には負けて当たり前。作品レベルは低くて当然。あらゆる制約や暗黙のルールみたいなものから解放されて、なんでも好きにできるのだ。言ってみれば、模型を初めて作った小学生状態にリセットされるのである。もし小学生に戻れたらやりたいことって人によって様々だと思うけど、この本に載っている模型が小学生のローガンがやりたかったことだ。

まァ、低級な小学生だからね。やることが無茶。でも何にもとらわれず自由でもある。キットに入ってる説明書にすら逆らったりする。もう誰の言うことも聞かない。ローガンは模型を作り始めたら、ご主人様。大名なのである。模型は家来。そんなのモデラーなら誰でも当たり前と思うかもしれないけど、知らず知らずに色々なことに囚われて自由に作れずに、模型と主従が逆転してしまっていることってないだろうか。

ローガンもかつてはそう。資料にないものは作らない作れない。見えなくなりそうなところでも順を追って細かく作り込んでおかないと、パンツなしでズボンを履いて外出するような気持ち悪さを感じてた。でもね、高貴な人(と、小学生)はそんなこと気にしない。見えなければいいのだ。そのままバッキンガム宮殿とかにも行っちゃうんだ、きっと。

さぁ、読者のみなさんも本書を読んで下克上。模型を家来にして、低級だけど自由な大名モデリングを試してみませんか。

ローガン梅本

1958 年茨城県生まれ。武蔵野美術大学を卒業し、模型誌『月刊ホビージャパン』の編集者として勤務後、1984 年に編集プロダクションアートボックスを設立し『月刊モデルグラフィックス』を刊行開始。現在では同社社長として仕事に励む傍ら、仕事机にも関わらず平気でそこで模型を作るという世界的にも類を見ないスタイルで模型を製作し、ローガン梅本名義では『月刊モデルグラフィックス』、『月刊アーマーモデリング』、『隔月刊スケールアヴィエーション』といった模型誌にて作品を発表。その昔は戦車や飛行機の内部をことこまかに再現しようとしては製作が頓挫するスケールモデラーだったが、現在では作りたいところだけ、作りやりたくないことはやらないというわがまま放題な製作方法を確立した。本書は、彼の幅広い作品の中でも特に飛行機にスポットを当て、いかに自由気ままに模型を作っているかを解き明かすものである

目次

04 「大名モデリング」っていったいなんなの!?

06 川崎 キ61-Ⅰ 三式戦闘機 飛燕 一型乙(ハセガワ 1/48 インジェクションプラスチックキット)
初出「モデルグラフィックス」2008年6月号(通巻第283号)

12 愛知 水上偵察機 瑞雲 一一型(フジミ 1/72 インジェクションプラスチックキット)
初出「モデルグラフィックス」2009年2月号(通巻第291号)

18 三菱 A6M5/A6M5a 零式艦上戦闘機 五二型/五二型甲(タミヤ 1/48 インジェクションプラスチックキット)
初出「モデルグラフィックス」2008年9月号(通巻第286号)

24 三菱 J2M3 局地戦闘機 雷電 二一型(ハセガワ 1/32 インジェクションプラスチックキット)
初出「スケールアヴィエーション」2011年11月号(通巻第82号)

30 空技廠 D4Y4 彗星 四三型(ファインモールド 1/48 インジェクションプラスチックキット)
初出「スケールアヴィエーション」2008年11月号(通巻第64号)

36 航空ダイオラマレイアウト講座

38 中島 キ44-Ⅱ 二式単座戦闘機 鍾馗 二型丙(ハセガワ 1/32 インジェクションプラスチックキット)
初出「スケールアヴィエーション」2009年11月号(通巻第70号)

44 中島 キ43-Ⅱ 一式戦闘機 隼 二型 [前期型](ファインモールド 1/48 インジェクションプラスチックキット)
初出「スケールアヴィエーション」2008年7月号(通巻第62号)
中島 キ43-Ⅰ 一式戦闘機 隼 一型(ニチモ 1/48 インジェクションプラスチックキット)
初出「スケールアヴィエーション」2008年5月号(通巻第61号)

50 川崎 キ45改 二式複座戦闘機 屠龍 甲型(ハセガワ 1/48 インジェクションプラスチックキット)
初出「スケールアヴィエーション」2008年1月号(通巻第59号)

56 中島 キ84-Ⅰ 四式戦闘機 疾風(ハセガワ 1/48 インジェクションプラスチックキット)
初出「スケールアヴィエーション」2008年9月号(通巻第63号)

60 中島 キ44-Ⅱ 二式単座戦闘機 鍾馗 二型丙(ハセガワ 1/48 インジェクションプラスチックキット)
初出「スケールアヴィエーション」2008年3月号(通巻第60号)

66 フォッカーD-21 ワスプ・ジュニアエンジン搭載・第4期製造型(スペシャルホビー 1/48 インジェクションプラスチックキット)
初出「スケールアヴィエーション」2010年1月号(通巻第71号)

72 イリューシン IL-2 シュトルモビク(タミヤ 1/48 インジェクションプラスチックキット)
初出「スケールアヴィエーション」2015年7月号(通巻第104号)

78 ローガン梅本、対決企画
中島 キ43-Ⅰ 一式戦闘機 隼(ニチモ 1/48 インジェクションプラスチックキット)
川崎 キ100 五式戦闘機 一型甲(ハセガワ 1/48 インジェクションプラスチックキット)
初出「スケールアヴィエーション」2007年9月号(通巻第57号)

空技廠 D4Y4 彗星 四三型(ファインモールド 1/48 インジェクションプラスチックキット)
愛知 M6A1 晴嵐(タミヤ 1/48 インジェクションプラスチックキット)
初出「スケールアヴィエーション」2009年9月号

90 飛行機模型大名モデリングを理解するにはまずは大名風呂から説明しましょうか。
松本州平×ローガン梅本

「大名モデリング」っていったいなんなの!?

いきなり大名がどうのこうのと言われても「ん？　バカ殿の話かな？」と思ってしまうのが普通。というわけなんで、ここでは面白いところだけ集中的に味わって、つまらない工作は徹底してやらない、という大名モデリングの極意を伝授してしんぜよう。といっても大して難しい話ではなく、ローガンも特に厳密な定義なんかは考えていないから、まあなんとなくこんなものっすよ、という感じでさらっと読んでみてくれるといいんでないかな、と思っております

最初はわざと汚く作る 修正したくなる気持ちがエネルギー

写真のカウルのあたりを見れば分かる通り、とにかくローガンの塗装の最初のうちは目を覆いたくなるくらい汚い。いくらなんでもこんなに汚い状態は耐えがたい。一刻も早く、少しでもマトモな状態にしたいというこの心理が原動力になって、スイスイと模型が完成するのである。また最初にこれ以上ないほど汚く塗っておくと、模型が段々美しくなるので精神衛生上非常によろしいという効果もあるぞ

ヒコーキは大道具 大名モデリングはフィギュアが主役

飛行機だろうとも基本的には情景作品にしてしまうローガン。それはつまり飛行機自体より飛行機にまつわる人間のドラマやシチュエーションを模型で表現したいからなのだ。ということなので、飛行機は脇の大道具。主役はコクピットや機体のまわりのフィギュアなんである。コクピットに人が乗っていると計器板やコンソールをチマチマ作る必要もなくて良いこと尽くめだ

筆塗りは楽できて ムラがあるのがかっこいい

ローガンは筆を多用する（最近は筆も面倒になって缶スプレーにも頼っている）が、これはまず道具を準備して塗装にかかるまでの手間がエアブラシに比べて圧倒的に楽なのが大きい。もちろん筆ムラは出るんだけど、これは塗料の濃度を薄めて何回か重ね塗りすることで「味」と言ってしまえるレベルになる。むしろ筆塗りのほうが実機の雰囲気が出てかっこいい場合だってあるのだ

手順は考えない やりたいことからやる

飛行機を作りたい！　と思ってキットの箱を開けたのに、まずコクピットのイスから作らされる、というのは考えてみると非常にナンセンス。こっちはすぐにでも飛行機の形を見たいんだから、とりあえず後のことは後で帳尻を合わせることにして、作りたいところからバンバン作ってしまうのが大名の特権だ。なんせこっちは大名、気を大きく持って細かいことを考えない鷹揚さも必要なのだ

雑でいい!!　迷ってはダメ!! せっかちになろう

迷いは模型作りの敵である。「ここはどうしよう……あそこもどういうディテールかわからない……」と迷っているうちに時間はどんどん過ぎていく。一番面白いところだけをとことん味わいたいのなら、まずそれ以外の部分は雑でもいいと割り切ることも大事だ。とにかくせっかちに次の工程へと工作を進めていけば、迷いなどどこかへいってしまうものなのである

見えないところは作らない 目立つところを重点的に作ろう

飛行機をひっくり返してペンライトで光を当ててやっと見えるようなところ、作った本人だってほとんど見ない。そんなところに時間をかけて全然完成しないよりは、完成後に他人から見て目立つところに手間をかける方がずっと効果的なのは道理だ。大名ならば見栄はきっちりと張りたいもの。完成した後に誰が見ても「すごい！」と言われるかどうかを重視しよう

ローガンは道具にこだわらない
これだけ用意すれば大抵の事はできるのだ

これがローガンの作業スペース。要は会社の机である。自分の出勤先で模型を作るモデラーはさほど多くない（存在はする）けども、これくらいの環境で作るとものすごく本格的な工作はやりづらいので逆にあきらめがついて模型が完成しやすくなるのだ

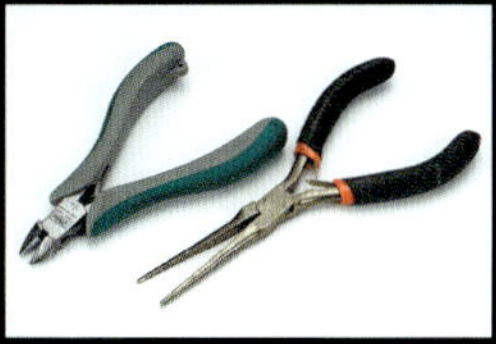

ローガンがいつも使っている道具は本当に普通の筆と普通の塗料皿。塗料だって GSI クレオスさんの Mr. カラーみたいな、どこでも手に入るものを使っている。刃物だって普通のニッパーに普通のナイフ、奇をてらった道具はどこにもない。これは特に理由があるというより、単に長年使っているから使いやすいという理由が大きい。ただ、普段安い道具ばかり使っていると、たまに高級な道具を使った時にものすごく自分が上手くなったように感じて面白いので「おれにはこの筆一本あればいいんでぇい!」という人も、たまに高い道具を使ってみるのをオススメしたい

模型作りの主導権を握るのが大名モデリングなのだ

たまにいる「模型の家来」みたいなモデラー。実機がこうでキットがこうだから、自分はこうしなければならない……と模型に振り回されて実は大してやりたくない工作もやってしまう。まさに家来。

でも、ローガンが提唱する大名モデリングでは、モデラー自身が大名のような心理で模型を作るのがキモだ。なんせ大名だから模型のほうがモデラーの言うことを聞くのが当たり前。塗装が楽しい人は組み立てをささっと済ませて延々塗装をすればいいし、工作するのが面白い人は塗装なんか缶スプレーで済ませたっていい。キットが人間を操るのではなく、偉い大名が主導権をとって面白いところだけを楽しむ。さすれば模型作りの楽しいところだけが続き、積んであるキットは完成し、皆幸せになれますよ、というのが大名モデリングの根本の考えなのだ。

フィギュアの作るコツは自分でも同じポーズをとること

人形のポーズで迷ったら自分の体で同じポーズをとってみるのが手っ取り早い。頭だけでポーズを考えるのには限界があるぞ

飛行機は飛んでる姿がカッコイイ

飛行機は飛んでなんぼ。空中の姿がかっこよくないワケがない。主脚を畳めば面倒な脚まわりを作らなくていいので一石二鳥なのだ

みんなに見せびらかしたい

模型を作ったからには自慢したいというのは当然。見せびらかして楽しむためには誰が見ても分かる面白さを模型に盛り込みたいところだ

地面のカタチは丸型が基本だ

飛行機の情景で地面を四角くしてしまうと、機体が枠内に収まり動きがなくなる。丸形の地面から主翼がはみ出すくらいでいいのだ

模型の掟は全部無視！

とりあえずこれがローガン流模型製作の基本
ハセガワ1/48飛燕を4日で作る!!

前ページではローガンが"大名作り"で飛行機模型を作るのに使っている道具やら机やらを見てもらったわけだけど、ここでは「じゃあその道具を使って実際にはどうやって作ってんだよ」というのをハセガワの1/48 飛燕をネタにして解説したい。この飛燕を作るのにかかったのは4日間。とにかく急いでせっかちに、飛行機模型のセオリーは全部踏み倒して一気呵成に完成までなだれ込むのがコツなのだ

4日間40時間きっかりでヒコーキとフィギュアを大あわてで作る

ローガンは気が短い。接着剤やらパテが固まるのも、塗料が乾くのも待っていられない。模型雑誌の製作記事でやってはいけないってことを全部やっちゃうから、形は歪むし、塗装は指紋やらムラでグチャグチャ。だが、そーゆーのも小学生のときからずっとやってると、技法として確立されてくるね。例えばフィギュアは溶剤系接着剤をダーッといっぱいつけて(これも模型雑誌では禁止されておる)、パーツ同士がいつまでもぐにゃぐにゃしてるのを案配して手足腰の形を整えてゆく。接着剤が固まってないのにカッターで削ったり、棒ヤスリで削ったりするから、ときにはバラバラに……。それでも懲りずにやってると、デッサンが整ってくるのである。塗装も完全に乾く前に塗り重ねたりするから下地が泣いたりするけど、それがまた微妙によかったりするのだよ。主観的には。

模型雑誌の製作記事は「あわてるな」、「先のことを考えて」なんてことばかり。気が短いモデラー受難の時代です。でもローガンみたいに、グヤグニャ、ベタベタしながらいじっていても、なんとなく完成するんだけどなァ。急げ、がんばれ短気者！

▶ご覧のようにコクピットも問答無用で組み込んで接着する。接着しちゃえば、コクピットにディテールを追加工作しようかとかの煩悩から逃れられ、以後、爽やか安らかな気持ちでどんどん作業が進むぞよ

単純にサーッと作る

▲なーんにも考えず、ハセガワ様の組み立て説明書どおり組み立てる。キットは丙型だが、乙型を作るのでピンバイスで穴を開けたりする工作も不要。主脚やピトー管は折れやすいのであとで接着

道具はこれだけ！

▲工作第1日、使う道具はいつか忘れるくらい前に買ったメーカー不明のニッパー。バネがとれているので使いにくいのと、普通のカッター。あと、昔買った棒平ヤスリ。たぶんいちばん安いのだな

最小限の工作で最大限の効果。ここだけはやる!

いくらアワテ者だとて、ディテールアップくらいはしたい。今回はキャノピーを開状態にしてリベットを打つ、主脚カバーにリベットを打ちブレーキパイプを追加、さらに機首上部のエンジン/機関砲カバーにリベットを打ち、無線の空中線も張るなど、目立つところを重点的に追加工作しております

その1 キャノピー

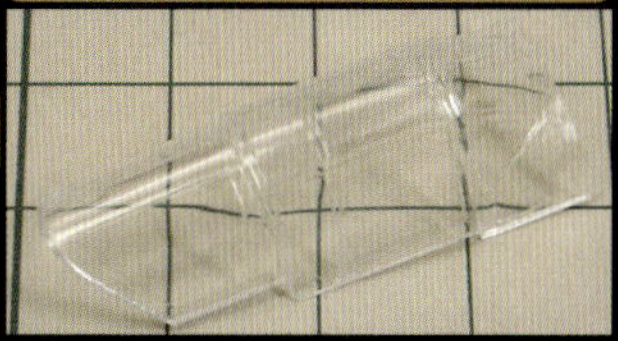

▲ハセガワ様の1/48飛燕はすばらしいキットなのだが、キャノピーパーツは閉まった状態のみ。写真では非常に目立つフレームのリベットも入っていない。これはまずいっす

▲気が短いローガンは、何も考えずいきなりカッターで斬りつける。キャノピー分割のスジ彫りに沿って何度も切っていると、丁寧にやっても思ったよりもずっと速く切り離せる

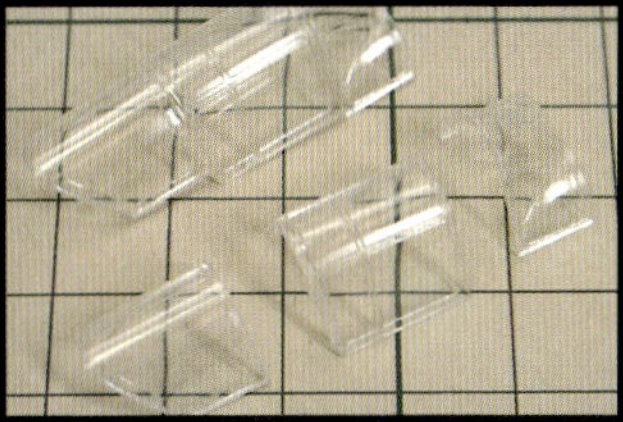

▲写真のように三分割できたら切り口をヤスリでダーッと整形。でも、このままではプラの肉厚があるので真ん中のうしろにスライドする風防を後方風防に被せることができない

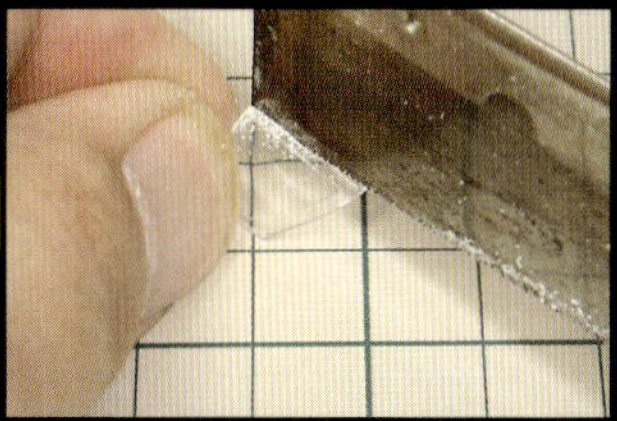

▲後方の風防はうまい具合に真ん中に太いフレームがあるので、そこをカミソリノコでいい加減に切断。フレームは本当に太いので少々曲がっても平気。適当に思い切ってゆこう

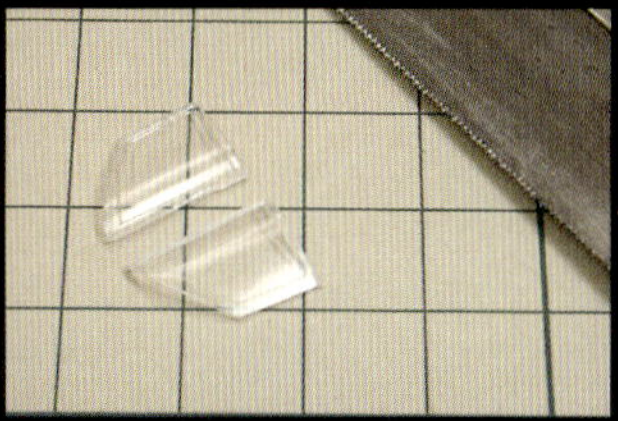

▲あっと言う間に切り離せる。キャノピー切断作業自体は簡単だがハセガワ様の透明パーツは肉が薄いのであまり乱暴にすると割るかも知れんよ。短気はいいけど、乱暴はいかん

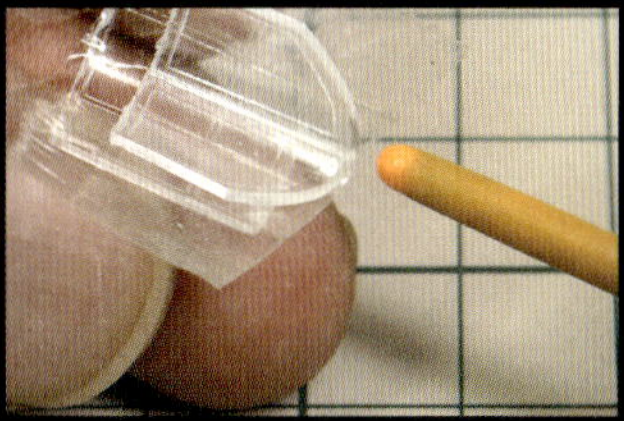

▲真ん中の可動風防の内側にセロテープを貼って、溶剤系の接着剤で貼り合わせた後方風防を入れて、指で押し広げて内側に密着させる。セロテープははみ出し接着剤よけであるな

一日目終了

▲で、接着剤がおおむね固まったら切断痕を隠すため、裏に糊がついたアルミテープを貼る。で、両側をハサミでちょん切れば、もはや一丁上がり。これでキャノピーは開状態になる

その2 リベット

▲次は主脚カバー。鉛筆でリベットラインを下書きしてハセガワ様のトライツール、リベットルーラーでリベットを入れる。主脚カバーは目立つから少々手間をかけておくんだな

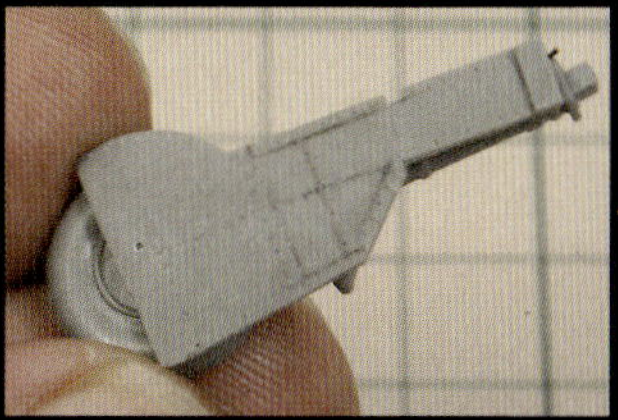

▲主脚カバーの縁はカッターと棒ヤスリで外側から薄く削ってる。リベットはルーラーだけじゃなくて、アクセントにところどころに彫金用玉ぐりで丸リベットを入れる

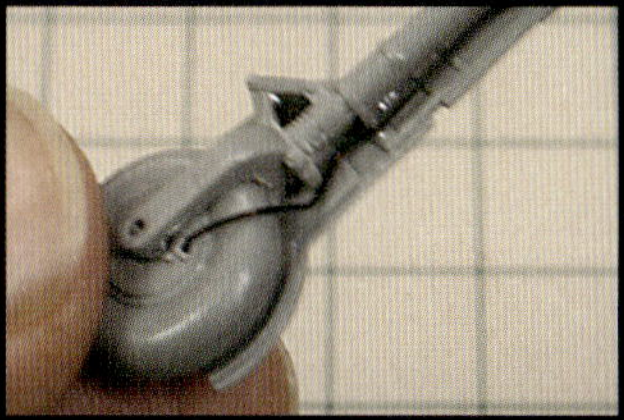

▲ブレーキパイプを追加。柔らかいエナメル線を使用している。思い返せば生まれてはじめて追加した。これは簡単で目立つから、短気者向きのディテール工作でありますなァ

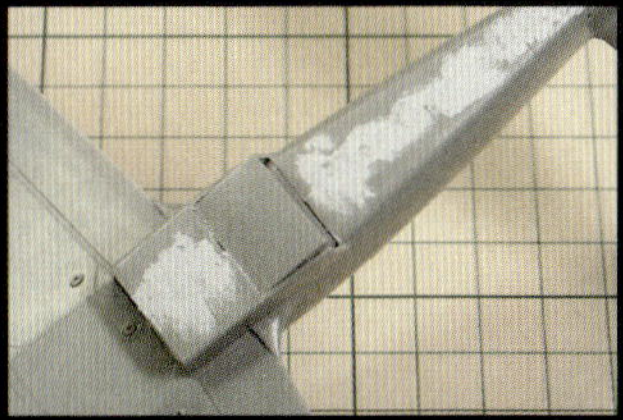

▲胴体下面、接着後にわずかな段差ができる。いくら全然見えないからって、超神経質なローガンはとてもとても許せないので、指でタミヤパテを塗りつけ、翌日ヤスリで整形した

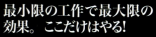

▲ローガンの1/48フィギュアコレクション。ずっとフィギュア改造をしていると、このようにバラバラ死体が残る。このなかからまたパーツを拾い出して新しいのを作るのである

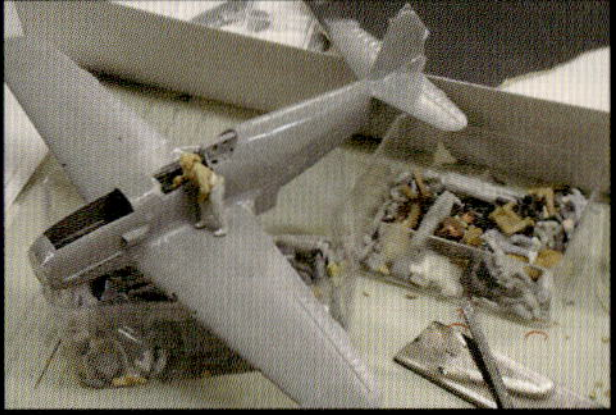

▲まず体をカミソリノコでバラバラにして溶剤系の接着剤で再接着。自分で作ろうとしているフィギュアと同じポーズをしてみると、首や腰、どこが曲がって捻れるのかわかる

▶ご覧のようにコクピットはまだまだ塗らない。フィギュアができてからでないと塗れないのである。もし、フィギュアを乗せてから見えなくなるようなところまで塗ってしまったら大変だ

コクピットは先に塗らない!

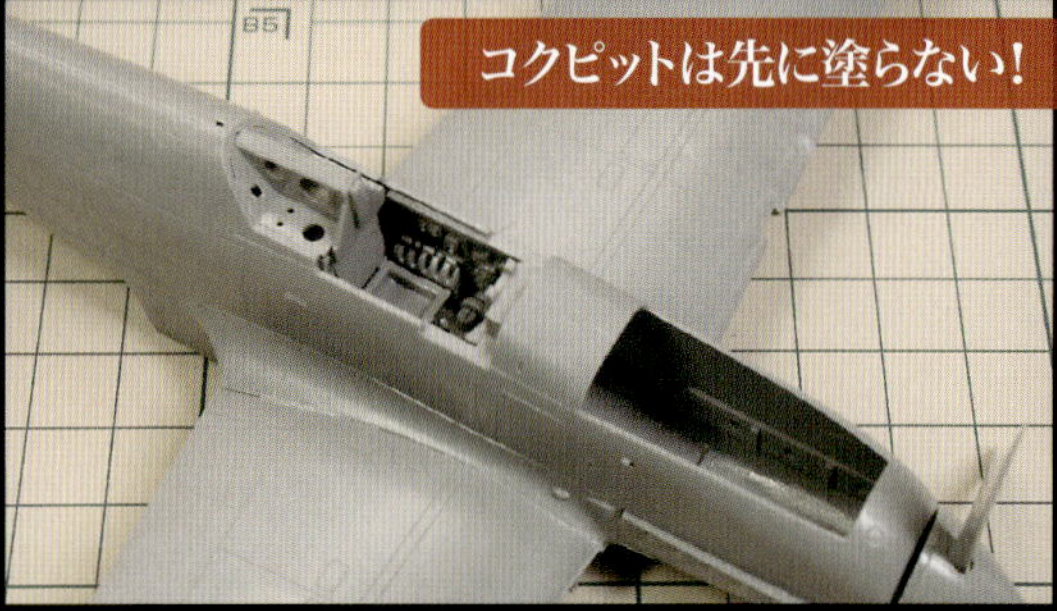

二日目終了

▲フィギュアがコクピットにぴったり収まるようセロテープを貼ったシートにパテを盛ったばかりのフィギュアを押しつける。コクピットの狭さが演出できるといい感じになるよ

▲とりあえず形ができたらフィギュア同士の関係性を考えてポーズを調整。リアルなフィギュアを作るコツは、腰と胸、そして首の曲がり具合、捻り具合。とくに腰が重要だね

▲ポーズがほぼ固まったらエポキシパテで飛行服の毛皮の襟や、整備兵の腕など、おおまかな形を作る。今回、耳を塞いでいる整備兵の腕はデッサンが狂ってしまって見苦しい

▲下面は完成後はほとんど見えないので、GSIクレオス8番シルバーでまことにいい加減に塗っておしまい。一回塗って、だいたい乾いたら、ちょんちょんとムラを修正して終わり

▲『飛燕戦闘機隊』（大日本絵画刊）横山塗装図を見ながら、色鉛筆でざっと下書きする。藤色の鉛筆を使っているのは、たまたま引き出しに入っていたからで意味はないっす

◀ビンに直接、平筆を突っ込んでGSIクレオス33番フラットブラックをどんどん塗る。左目は眠そうに、右目はビックリしたような、松本州平先生から教わった「シブイ」男の顔だ

筆塗りは速くてカッコよくなる

「これがむしろいいの(ローガン)」

▲ラッカー系塗料で黒の上に暗緑色を塗る。当然、下地が溶け出してムラムラ、デコボコになる。塗るときのコツは短いストロークで四方八方に筆を動かし、返し筆をしないこと。だいたい乾いたら、もう一回塗る

「こんなボコボコでいいんですか?」

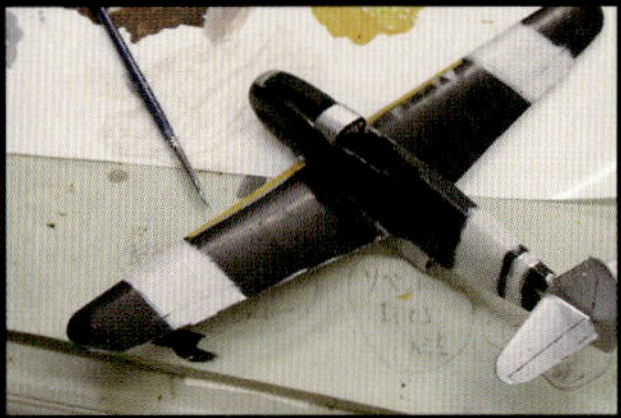

▲主翼前縁の味方識別黄色帯や本土防空識別白帯を塗る。あとで修正するからいい加減で可。以前はマスキングしていた（剥がすとき快感）が最近は面倒なので廃止した

▲白帯や、赤、黄色に塗る部分だけを8番シルバーで塗る。さっと塗れば泣かないす。黒の上にいきなり白とか赤や黄色を塗り重ねるのはいくらなんでも発色が悪くて効率が悪い

▲暗緑色を二回塗り重ねたら、基本の暗緑色に白や黒を混ぜ色調を変えたのをあっちこっちに塗りつけて、色ムラをさらに強化。で、この段階で日の丸デカールを貼ってしまう

秘技!「スジはがし」

▲二、三回塗り重ね、生乾きのうちにハセガワ様のトライツール、ケガキ針で凹モールドをなぞる。塗料が削れて銀が顔を出す。削りカスが出るがこれは翌日爪で削る

機体はフィギュアを最大限活かすための大道具なり

ローガンは飛行機のオマケにフィギュアを作るんじゃなくて、まず飛行機、フィギュア、ベースの三点セットで、どんなドラマを作るかって考える。どれが主役で、どれがオマケってことはなくて、全部等価。ただ飛行機がいちばん手間がかかってるってことだな。米国の巨匠、『HOW TO BUILD DIORAMAS』（新紀元社刊）の著者、シェパード・ペイン先生は、ダイオラマにドラマを作るポイントを「ストーリーはなるべく単純でわかりやすく、登場人物はせいぜい二人か三人に絞り、ベースは切りつめられる限界まで狭くする」と言っている。無駄に大きいベースや、フィギュアをたくさん並べすぎると、時間に手間、お金が余分にかかるばかりでなく、ストーリーがぼやけて作品をかえってダメにする恐れがある。もったいない、もったいない。

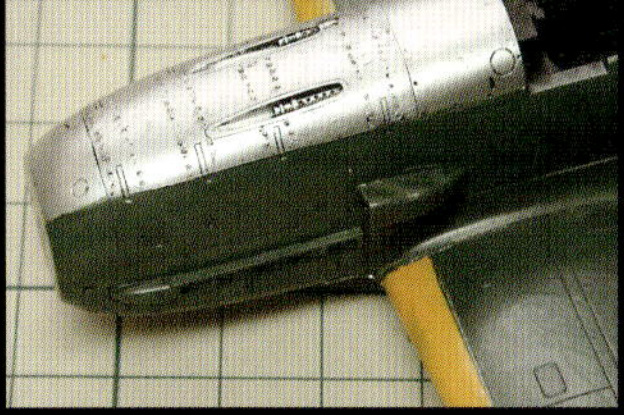

▲今回、作ろうとしている板垣軍曹機は機首の上面、黒いアンチグレア塗装の剥離がひどく黒があまり残ってない。これを再現するため、まず全面を8番シルバーで塗る

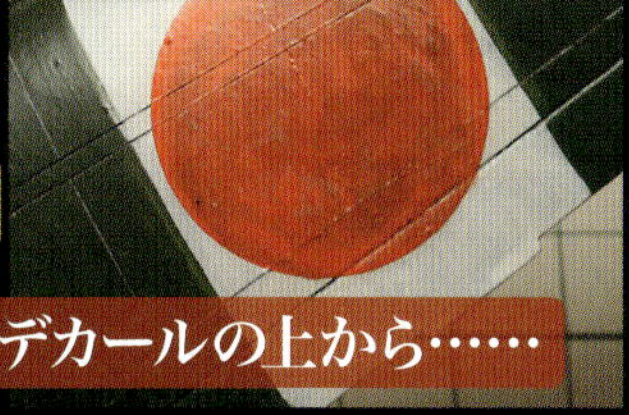

▲デカールの上からRLM23レッドを塗る。なんでそんな色を塗るのか? と言われると塗りたかったからとしか言えないす。デカールのままだと色が派手過ぎだからね

▲計器盤は33番フラットブラックで塗り、8番シルバーでドライブラシ、メーター部に水性アクリル系塗料のクリアーを塗り重ねるとリアル。ここはあとからでも塗れる

▲問「コクピットは組み込んでしまってからでもきれいに塗れるのか?」答「塗れません」。でもフィギュアを乗せてしまえばほとんど見えなくなる

▲尾翼の赤いところは明るい赤で、塗料が擦れた感じを入れる。プロペラの後流で巻き上げられた土埃が水平尾翼の前縁に当たってる表現。本当にそうなるかどうかは不明

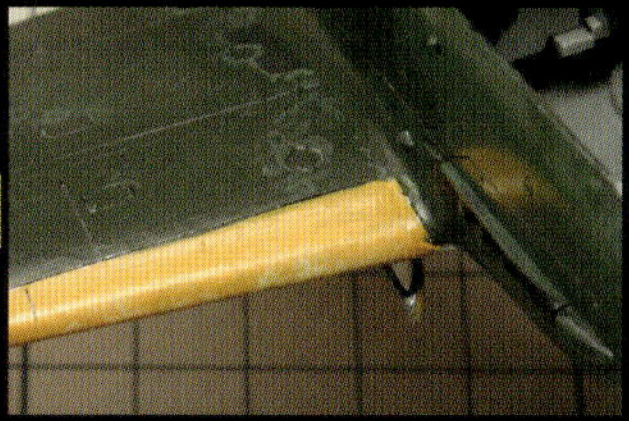

▲ここまで雑でいい加減に塗ってきたが、これからはこまかいぞよ。全体に塗った色より、少し明るい緑を、面相筆で点々と入れ、塗料が擦れて白っぽくなった感じを再現する

▲だいたい乾いたら、タミヤの塗料かき混ぜ棒の先端でごりごりとこする。乱暴にやり過ぎて、下地の銀に傷がつくといっそうリアルになるので、張り切っていってみよう

▲ラッカー系シルバーの上から、タミヤアクリルのフラットブラックにいろいろ混ぜて作ったダークグレイをベロベロといい加減に塗る。どうせ剥がすんだからこれでいいのだ

▲完成である。せっかくだから裏も見せる。これが見納め、今生の別れなのでしっかり見てくれ。裏表、塗装の密度の違いに注意。まるでローガンの裏表のある性格そのものである

▲三回以上も筆で塗装するとモールドも埋まり気味。そこで、生乾きのときにケガキ針で凹モールドをけがいている。下から黒が出たり出なかったり。変なところは筆で修正する

▲操縦者や、整備兵が機体に登るとき足でこするあたりを重点にシルバーで塗料のはげを表現する。やり過ぎたら上から緑を塗っちゃえばいいから、こまかいけど気楽に塗る

▲最初にベース全体に木工用ボンドを塗り、水でドロドロに溶いた粘土「フォルモ」を塗りつけ、その上から枯れたアスパラの葉っぱを撒いた。このあと鉛筆の先端で穴を開け、そこに束ねて先端にボンドをつけてアスパラの枯れ葉を植えて枯れ草を作る

▲東急ハンズで買った682円のデコパージュに、まずオイルステインを擦り込み、縁をマスキング。粘土の食い付きをよくするため彫刻刀で刻みを入れている。長い突起は、ランナーを四角く削ったものに指でタミヤパテを擦り込んでいる

▲このフィギュアが今回の主役。戦前戦後、一世を風靡したクォーターの美人歌手、渡辺はま子でございます。どうしてこの人が出てくるのか、その謎は次のページをご覧ください

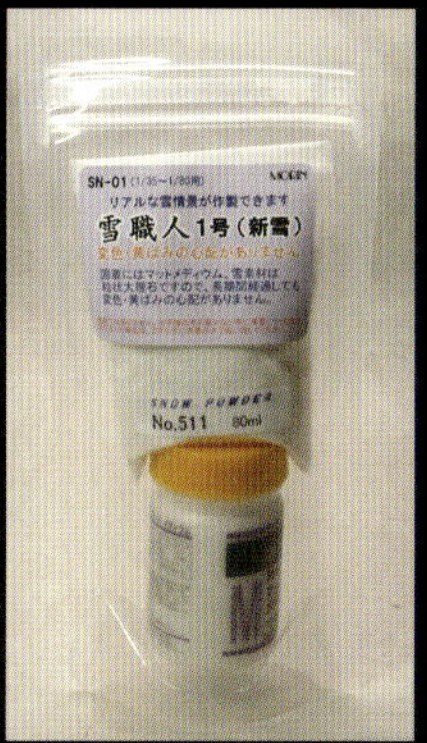

▶翌日「雪職人一号(新雪)」でダイオラマを雪景色にする。これは大理石の粉末で透明感があってリアルだが、1/48の雪としては粒が大き過ぎたかも。でも雪には見えるので気にしないことにする

予告どおり あっさり四日で

◀手前の整備兵はハセガワ屠龍の竹一郎フィギュアの胴体に、ファインモールド九五戦についてる浦野雄一フィギュアの頭を接着。操縦者はモデルカステンの竹一郎フィギュアの下半身にタミヤのスピットファイア限定キットのICMの英軍パイロットの上半身と浦野ヘッド。女性歌手はICMの女性補助兵を改造して製作

完成なのだ!

美人の移り香～妄想の大名造り

『モデルグラフィックス』の読者は女好きが多い。誌面に散見される女人形の多さからも明白だ。女好きは男の本性であるからなんら恥じるところではない。また読者の喜びは作者の喜びでもある。そこで女の出てくる飛燕ダイオラマの製作を考えた。しかし作品の歴史再現的な厳密さが、かなり損なわれることになってしまった。でもまあいいや。以下が今回の作品の情況設定である。

昭和20年2月、帝都の空を守る飛行第２４４戦隊の基地、厳寒の調布飛行場にコロムビアレコードの慰問団がやって来た。米国人の祖父を持つ美貌の歌手、渡辺はま子の接待係を命じられたA中尉は、緊張するわうれしいやらで、スキップしながら飛行場を案内。そのうち調子に乗って「どうでしょう。おはまさん。機関砲、撃ってみませんか？」と、言うと同行のカメラマンも「そりゃあ、いい絵が撮れる」と喜んだ。射撃場に来ると、時あたかも、胴体砲だけを残した震天制空隊の板垣政雄軍曹機が試射の準備をしていた。Ａ中尉は操縦席にいた整備下士官を追い出し、美人歌手を座らせた。「操縦桿をしっかり握って、いま、兵装のスイッチを入れましたから、引き金を引いて……」以下、ホ１０３、13粍機関砲の轟音で何も聞こえなくなる。後日、何も知らぬまま愛機に乗り込んだ板垣軍曹は、操縦席に残った美人の移り香に、驚くやらうれしいやら(こればっかりだな)。と、妄想は果てしなく、この航空ダイオラマは４日間、合計約40時間で見事完成したのでありました。

子供のころから、ローガンはぬるいお風呂が好き。と言うか、ぬるいのから追い炊きして徐々に適温にするのがいい。うちの母は「大名風呂」って言ってました。模型も今回の飛燕みたいに、ぬるい作りから徐々にていねいに作り込んでゆくのは楽で気持ちいい。じゃによってこれを「大名造り」と名付けるぞよ。皆の者、かしこまれ。

震天制空隊・日本本土に来襲するボーイングB-29「超空の要塞」を確実に撃墜するため、首都防空を担当する第10飛行師団の各飛行戦隊に一個ずつ編成を命じられた体当たり小隊。244戦隊の板垣政雄軍曹はB-29への体当たり二回を決行して生還したという、卓越した技倆と胆力、強運を持つ奇跡の英雄であった

◀今回もっとも手こずったのが尾部を持ち上げる架台。強度が必要なので真ちゅう線とパイプをハンダ付けして作ったが失敗の連続で半日もかかった。布袋に入ったバラストはエポキシパテである

今回の心残りは、写真のように目立つ腹部の冷却器カバー側面にリベットを入れなかったこと、それから整備兵の腕が変なこと。飛行機の工作や塗装なら、本人が自白しない限りほとんどの人にはわからないが、フィギュアのデッサンが狂ってることは、それこそ、どんな人にもわかってしまう。格好悪りーっ。それから、改めて感心したのはウクライナ、ICMのフィギュアの出来のよさ。とくに手がいい。手は顔に次いで重要だ。フィギュアは顔とブーツだけラッカー系塗料で、服はターナーの水性アクリル絵の具で塗っている。こうすると簡単にツヤのメリハリがきく。主翼のうしろに立っている脚立はファインモールドの九五戦に入っているアクセサリー。キャノピーのフレームに入れたリベットは、塗装後に玉ぐりでシルバーの塗膜に傷を付け、下地塗装の黒を露出させて表現している

実現しなかった宮崎 駿監督幻の一作
それに登場する予定だったのが瑞雲である
もし製作されたらこうなったんじゃないかなというのを
妄想のパワーでエイヤッと情景にしてみた

ダイオラマで再現する、宮崎監督幻の作品の1シーン

元々航空戦艦「伊勢」に搭載される予定だった水上偵察機、瑞雲
なんとも地味な機体だが、この飛行機が宮崎監督の作品に登場するかも？

瑞雲11型
愛知水上偵察機
「第634航空隊」
呉式二号五型射出機

▲単体での発売から9年を経て、呉式二号射出機付きで発売された瑞雲一一型。航空戦艦「伊勢」搭載予定だった初期生産型である

島の隊長さんはどこに行ったのだろう

実現の一歩手前まで進んでいた「瑞雲」主演？の映画

宮崎　僕ねえ、ローガンさんの、梅本さんの作品は好きなんですよ。

ローガン　ありがとうございます。本人を前にして「嫌いです」とも言えないだろうけど。

宮崎　はははははっ。いやあ、模型の精神ってこういうものだと思います。あんまり研ぎ澄ましてばかりいったらね……。（瑞雲は）ここんとこ（胴体と主翼のつなぎ目を覆う巨大なフェアリング）が、悲しい飛行機ですよね。ここは苦労したんだろうなァって、なんでこんなとこ苦労すんだろうねって……。これもね、実写映画にするって話になって、監督とライターを決めたんだけど、結局ねえ、ダメになったんですよ。できないんです。

ローガン　9年前、この瑞雲がフジミの新製品として発売になったときに「映画にしたい」って原稿をいただいてMGの99年7月号に掲載して、それっきり、今回、カタパルト付きで再販になるまで、まるっきり忘れてましたが、映画化は具体的に進んでいたんですね。

宮崎　具体的になってたんですよ。二回くらい打ち合わせしたっけかな。で、これは難しいですよって言ったんです。近代と古代がぶつかる話ですからね。いやあ、それで、結局、近代に負けるんですよ。『海辺の生と死』（中公文庫刊 絶版）っていう本のおもしろさは、ミホっていう人が近代人じゃないってことなんですよね。古代人なんです。そこに、死ぬって決めたことによって、古代人になりえた島尾敏雄っていう隊長さんが登場するわけだけど、結局、戦争が終わった瞬間から近代人に戻るんですよ。しかも文学者になる。ズタズタになるわけですよね。だって、死のうって決めていたときの島尾隊長にミホさんは惚れていたんだから。なんて立派な隊長さんだろうってね。だから、戦後はまじまじと夫の顔を見ながら「島の隊長さんは、どこへ行ったのだろう？」って言い続けた奥さんですから。

ローガン　恐ろしいですね。

宮崎　恐ろしいですよ。で、ちょっと浮気したらばれて『死の棘』（新潮文庫刊）っていう小説のモデルになるくらい惨憺たることになるんです。で、映画の結末だけど、死ぬかと思っていたら、敗戦になって生き延びちゃったとかってすれば納得するかって言えばしないし、まっ、現実にはそうだったわけだけど、なんか不発に終わるでしょ。だからと言って、娘といっしょに飛行機に乗って敵艦に体当たりすりゃいいかっていうと、それもダメだし、しばらく……、半年以上はジタバタしてたかなァ。

ローガン　単純に思うのは近代人が古代にタイムスリップしちゃったみたいになって、いろいろな事件があって、戦争が終わり東京に帰ると「ああっ、古代は夢のようだったなァ」って思うってな映画じゃダメだったんすかねえ。

宮崎　うーん、そりゃダメだね。やっぱり。水木しげるが漫画に描くんだったらいいけど。足の短い、眼鏡の男が出てきてね。

ローガン　で、最後に「フハーッ」って言うんですね。

宮崎　だはははははっ。古代としか思えないような加計呂麻島のね……、行ったら本当にきれいだったって鈴木プロデューサーが言ってたけど。どうにもならずに帰って来ました。ジブリの企画検討会で一回話が出て、そんとき、話が決まってたら無理矢理にでも作っちゃったかも知れないんだけど。テレビの終戦記念の特番として、アニメーションとして作ることができるかっていう話にもなってね。なんか紅白歌合戦に対抗する番組になるとかいう話だったけど。その後、テレビ局は凋落の一途を辿ってですね。特番なんて作ろうたって、全然お金なんて出ないんですよ。

これさ（操縦員が）ここに立ってるのもったいないね。偵察員を覗き込んで抱き起こそうとしているとこで、娘はこの下に立ってるってほうが絵としてきれいですね。

ローガン　できちゃったもの、もう手遅れですよ。もっと早く持ってくりゃよかった。

（2008年12月4日、東京、二馬力にて）

島尾敏雄、1917年、横浜に生まれる。九州大学卒、昭和19年、海軍第19震洋隊の指揮官として加計呂麻島に派遣されるが、出撃の機会を得ぬまま終戦を迎え、昭和23年『単独旅行者』を刊行、新進作家として注目される。代表作に『死の棘』(日本文学大賞、読売文学賞、芸術選奨)、『魚雷艇学生』(野間文芸賞、川端康成文学賞)などがある。特攻隊長としての体験を描いた『出発は遂に訪れず』は新潮文庫の短編集『出発は遂に訪れず』に収録されている。1986年没

◀水上機にはブレーキがないので、不時着水後狭い浜辺を越え、土手に当たってようやく停まったっていう状況設定。でも、もし不時着してすぐだったら、熱くてこんなとこに手をつけないかも。それからパイロットは額に怪我してるはずだ

死を覚悟した搭乗員は 近代と古代の間を行き来 逡巡しつつ、決断の日を迎える

古代の民俗と大自然奄美群島、加計呂麻島

加計呂麻(かけろま)島は奄美大島の隣に位置する人口1500人あまりの島。もちろん空港はなく、奄美大島からの航路が一般的なアクセスだ。薩川湾は太平洋戦争時に軍港として使われ、戦艦武蔵や戦艦大和も停泊した。しばらく前に『ウォーターボーイズ』のロケ地になって脚光を浴びた、というよりも本誌読者には『男はつらいよ』の最終作でリリーが滞在していたところ、と言ったほうが通りがよいかな？　奄美群島に位置するとあって島は緑に覆われ、海は問答無用に美しく、シュノーケリングやスキューバダイビングの人気スポットにもなっている。島特有の文化が色濃く残る南国の楽園である

島の人々はいまだに島尾隊長の思い出を語る会を持ち「島尾隊長の歌」を歌って当時を偲んでいます。

太平洋戦争の末期、加計呂麻島に島尾隊長が率いる震洋艇の海上特攻隊がやって来た。威圧的な軍人に慣れていた島の人々は特攻隊と聞いて、どんなに恐ろしい目に遭わされるのかと戦々恐々としていた。しかし島尾隊長は老婆の荷運びを手伝い、子供と戯れ、部下にも村民にも丁重に接した。墜落した米軍機の搭乗員を懇ろに葬り、しかも島の人々は高射砲で撃墜される敵機は、すべて島尾隊の戦果だと思っていた。やがて島には、慈悲深く、聡明な豪傑、島尾隊長を称える歌ができた。彼らの隊長への敬慕は、もはや宗教に近いまで高まっていた。なかでも島の娘、ミホは隊長への思慕を募らせ、島尾隊長の出撃とともに自決する決意を固める。しかし島尾隊が出撃の時を迎えることもなく戦争は終わり、ミホは島尾敏雄夫人となり東京に移住する。だがもはや、文学者、島尾敏雄に「島尾隊長の面影」を見出すことはできなかった。長閑な島の風俗と戦争を描き、第15回田村俊子賞を受賞。中公文庫版は絶版で、もう古書店でしか入手できない

冒頭のシーンはできているんです。断雲から被弾した瑞雲がよろめき出て来る。腹の下には投下されなかった爆弾をかかえ、後部の偵察員は機銃を握りしめたまま死んでいる。パイロットは眼下の海原に、ポツンと浮ぶ島を発見して降下していく。やがて砂浜に不時着するんですが､強い光の下で静まりかえった美しい島なんです。

島尾敏雄の『出発は遂に訪れず』という自伝的小説と、島の村長の娘で敏雄の奥さんになる島尾ミホさんの『海辺の生と死』を元に映画を作れないかと、ズーッと考えてきたんです。島尾敏雄は震洋艇の特攻隊長で、奄美大島のある島でミホさんに出会うんですが、震洋艇を瑞雲に置き換えてやれないかなぁって。

そのパイロットは、島民に助けられて機体を砂浜に引き上げて、木の枝で隠してから、戦死した偵察員を埋葬する。それから、翼の下にもどるんです。島の人が村へ誘っても行かない。出撃中の身だからと断るわけです。そしてなんとか機体を修理して、腹の爆弾をアメリカ艦隊に投下しようとする。任務を遂行しようとするわけです。それで、食事を運ぶのが村長の娘の仕事となる。暗くなった浜辺で､食事をとるわずかなあいだに、その少女はパイロットの青年に乞われるまま､島のことを話しはじめる。それが『海辺の生と死』や、宮本常一さんの『忘れられた日本人』の世界になってゆくという内容なんです。しかし、修理がなったとき、その青年がどうするのか、自分には決められないんです。任務を遂行するのも､娘と手を取りあって隠れるのも､両方納得できない自分がいる。

ときどき､無性に作りたくなるんだけど､むずかしい。自分のなかで戦争というものへの考えが分裂しているんですね。ジュネーブ協定を守らない非人道的軍隊だったから日本軍がいけないのか､民主主義国家がルールにのっとって行なうならよいのか､なぜか曖昧なままなんです。ある映画祭で出会ったクロアチアのアニメーターと話したとき、彼は自分の家族を守るためなら銃を把ると言うんだけど、それはいけないとぼくには言えなかった。平和主義者にもなれないわけです。しかし、銃を把るという考えにも納得しがたいわけです。戦争という現実はそんな個人的動機をふっとばして、必らず自分から腐ってゆきますからね。

そんなわけで､毎回手をつけては断念する繰り返しになってる。でも､この映画に出すには瑞雲がいちばんいい。この飛行機を最初に好きになったのは、昭和20年代の末頃の小松崎 茂氏の絵物語だったと思うんだけど､記憶ははっきりしません。後席の13㎜機銃で､頭上のグラマンが炎を吹き出している絵だと思うんだけど､なにしろ中学のはじめのころだからね(後略)。

宮崎 駿

(モデルグラフィックス1999年7月号より転載)

愛知水上偵察機 瑞雲一一型

フジミ 1/72　インジェクションプラスチックキット

Aichi E16A1 Reconnaissance Seaplane Zuiun (PAUL) FUJIMI 1/72 Injection-Plastic kit

海軍の搭乗員はハセガワのWWⅡパイロットフィギュアセットから製作。女性は世界のブランド、プライザーのドイツ人お姉ちゃんの髪形を変え、スカートをモンペに、Tシャツを開襟シャツに変えた上、足を短かく切り詰めて、スケール身長を150㎝にし、日本人化している

妄想力で、実現しなかった映画の一シーンを再現

水上爆撃機、略して水爆、瑞雲はきれいな飛行機だ。フジミの1／72キットの作りはシンプルだが、とてもいい感じにできている。また実機の資料自体がほとんど現存していない。箱絵くらいしか参考にする物がないので、ディテール工作に悩む術もなく、すぐに完成する。今回はあまりにも簡単にできてしまうので、フロートの支柱にあるダイブブレーキの穴を広げて、前期型を後期型に改造(作業中に、フジミから後期型のキットも発売されていたことを思い出したが、もはや手遅れ)、機首に変化をもたせ、エンジンが過熱して不時着した感じを強調するためカウルフラップを全開にした。また宮崎監督が中学生の時に見た絵に描かれていた後部機銃は、レベルのＦＷ２００コンドルから流用したＭＧ１３１(二式13㎜機銃)に代えた。また機体後部、偵察員席の横には弾痕を開けた。20㎜の銃身とピトー管は、ファインモールドの零戦五二型セットを使った。無駄作業も含め、これだけやっても工作は1日もかからずに終わり。いずれにせよ、今回の作品のテーマはリアルで正確な瑞雲を作ることではなく(つーか、しようと思ってもできない)、宮崎監督が映画にしたいと言っていたシーンの再現である。とは言っても、多分にご都合主義的なところがあって、既存のフィギュアをなるべく改造せずに使えるよう、シーンを自己流に妄想している。で、フィギュア3体の改造にほぼ1日。瑞雲の塗装仕上げにだいたい1日。例によってGSIクレオスのフラットブラック33番で、マックロクロスケに塗ってから、機体色を塗り重ねていった。下塗りから、ウェザリングまで全部ラッカー系の塗料で筆塗り。きれいに仕上げようなんて端から諦めているので、作業は早い。今回、フィギュアに次いで重要なベースは、インターネットで奄美大島の写真を見つけて、それを参考に1日で作った。そんなことで本作品は1日あたり、5～6時間の作業で、4日で完成した。

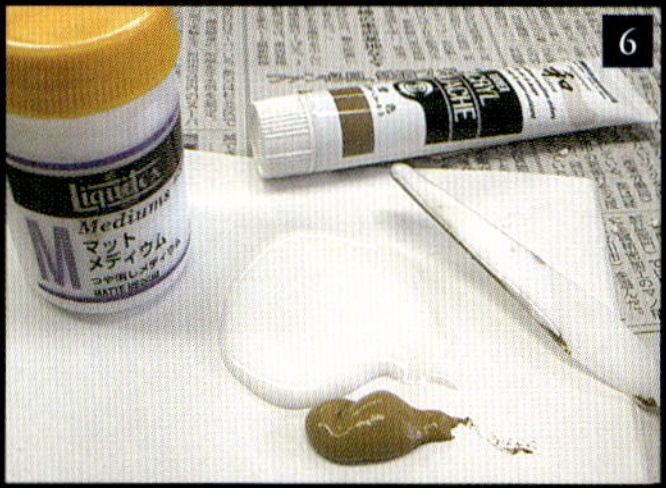

海風が揺らす草のざわめき、冷えてゆくエンジンの音、潮騒、そんな風景を作る

1開いたカウルフラップはプラペーパーで自作。搭乗員はハセガワのパイロットセットを削り込んでひと回りスマートにして半袖にしつつ、飛行機の傾きに合わせて、腰、首を切断して調整して、姿勢を前屈みにしている。左手はプライザーのフィギュアから流用した。2プライザーの民間人セットのドイツ人のお尻に肉をつけ、足を短く太くしたが、頭をもっと大きくしないと、日本人にはなりきれないすね。3ハセガワの日本陸軍パイロットを改造して作った偵察員。宮崎監督の設定にある「機銃の銃把を握ったまま死んでいる」ところは工作的にちょっと難しくて再現できなかった。4胴体の内側から光が透けるくらい削り込んでから弾痕を開けた。こういう作業って、おもしろいのでついやりすぎてしまう。今回のも完全にやりすぎ。弾痕はせいぜい2、3個がリアル。二式13㎜機銃はレベルのFw200コンドルから流用している。「なんってことするんだ！」と言うドイツ機ファンの声が聞こえてきそうだが、同キットはローガンが手を付ける前に、すでに編集部で部品取り用になっていたのでご安心ください。5あらかじめオイルステインで塗装しておいたデコパージュ台に、ノコギリでなるべく乱暴に切ったスタイロフォームの台を木工ボンドで接着、マスキングする。67ターナーの水性ガッシュ、グレイッシュ・ベージュに、リキテックスのマットメディウムを混ぜて下地剤を作る。8ベースの土手になる部分に塗りつける。9鉄道模型用の白いバラストを撒く。10さらにアスパラガスの枯れたのを指でこまかくすり潰してまき散らし、指で押さえ、地面にしっかりとめりこませる。11白い砂浜になる部分には、マットメディウムだけを塗りつける。12バラストを茶こしでふるい、こまかい粒だけにしたものを砂浜に撒く。13アスパラガスの葉っぱで作った草の株の先にグレイッシュ・ベージュで着色した木工ボンドをつける。14楊枝でベースに穴を開ける。15そこにアスパラガスの葉っぱを植え、海からの風でそよいでいるように見せるため、指で外側に向けて倒す

▼「僕がプラモデル作るとしたらスダコフツの251が1個中隊ズラーッと並んだところを作りたいね。どんな風に見えるのかと思って。できゃしないけど」

愛知水上偵察機 瑞雲一一型

フジミ 1/72　インジェクションプラスチックキット

Aichi E16A1 Reconnaissance Seaplane Zuiun (PAUL) FUJIMI 1/72 Injection-Plastic kit

なんといっても零戦は日本人の心
やっぱりここはタミヤで攻めようと
1/48スケールのキットを
作ってみたら驚きの精度
これはやはり組み立て以外に凝る模型なのだ

三菱 零式艦上戦闘機 五二型/五二型甲

タミヤ 1/48 インジェクションプラスチックキット
MITSUBISHI A6M5/5a ZERO FIGHTER (ZEKE) TAMIYA 1/48 Injection-plastic kit

キットの出来がいいんだから ベースに凝らないと損というもの

とにかくタミヤの1/32飛行機模型というのは我が国のスケールモデルの中でも
最も出来がよくて作りやすい、我が国の代表選手みたいなシリーズだ
で、その中でも傑作の誉れも高い1/32零戦五二型を
いいところはそのままにぎゅ〜っと濃縮したのが1/48の零戦五二型である
こんだけキットがいいんだから工作はぱぱっと済ませてしまって
ひと手間かけた海面のベースを作ってみることにしたのである

▶機首付近の一部パネルと、20㎜機銃パネル以外、スジ彫りへのスミ入れ（タミヤエナメルのフラットブラックを使用）は行なっていない。マリアナ沖海戦では、相当な数の米海軍機が不時着水しているが、パイロットはほとんどが救助された

◀タミヤ1/48零戦52型は基本的に主脚を出した地上姿勢で作ることを前提にしており、主脚周辺は非常によく再現されている。付属の立像4体はそれぞれ雰囲気が異なり、モデラーの想像力を刺激する。座像は古い原型のようだが、彫刻は一新されかなりシャープになっている

◀▲漂流中の米海軍パイロットは、タミヤ1/48ドイツ兵をもとに製作。飛行服や救命胴衣はオスプレイの『ヘルキャットエース』に掲載されているパイロットのカラーイラストを参考にタミヤパテで作り、塗装した。救命ボートはエポキシパテのヒモをくるりと巻いて作り、底は0.3㎜プラ板。真っ平らでは不自然なので、白熱電球にかざして熱で少々変形させた。ボートの塗装は、よくわからんがだいたいこんな感じ

▼1/32でキット化の折には実機取材を重ね、金型の作り直しまで行ない完璧を期したカウリング、もちろん1/48でも完璧

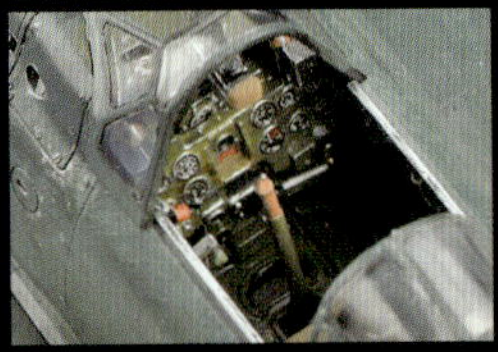

◀▲見えなくなるコクピットは塗装しない主義だが、零戦は開口部が広く搭乗員を乗せても見える部分が多いので、高荷義之画伯のイラストを参考にきちんと塗装。色は上の写真で奥に見えている零戦の本物パーツに塗られているインテリア色を参考に調合

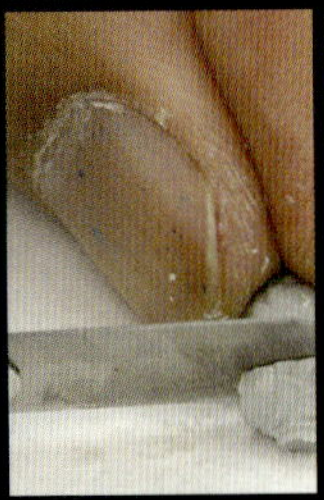

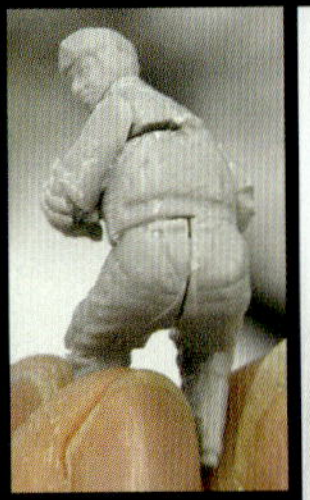

▲▶モデルカステン「日本陸海軍パイロットセット」の上半身をノコギリで九分九厘切り、最後の一皮だけカッターで切断、極力モールドを保存。バラしたのを再接着。ポーズを決め、塗装は顔と皮革類はラッカー、飛行服はターナーのアクリルガッシュ

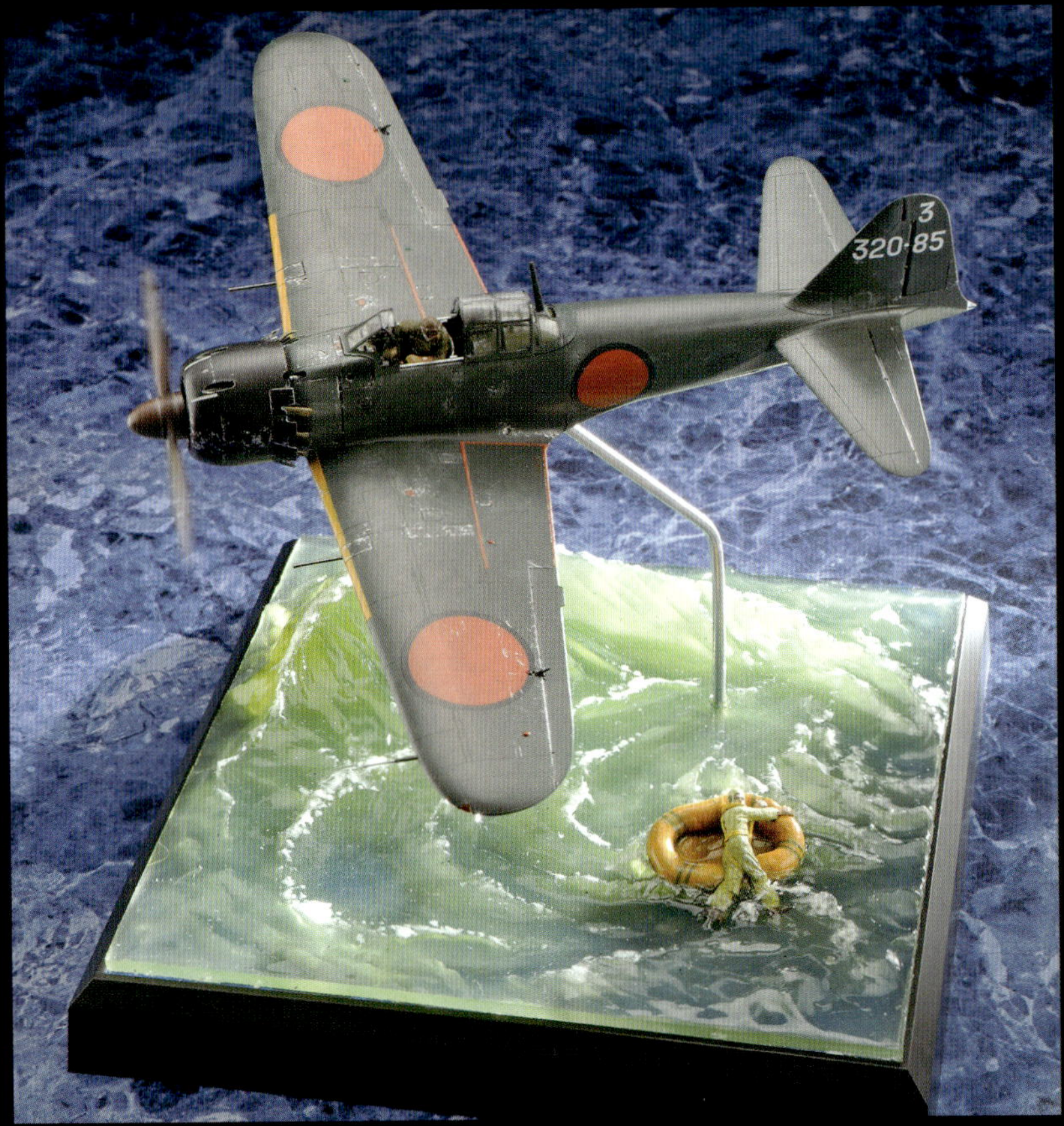

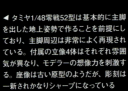

どうしても外国製には負けられない機種がある

「零戦は、やっぱり日本のメーカーが作らないとね。うちも1／48でやりますよ」という話を、田宮俊作会長（当時は社長）から聞いちゃったのは、このキットの発売前年9月の「全国ＡＦＶの会」の打ち合わせ中。まさに青天の霹靂だった。小学生の頃、海軍の少年航空兵になろうと思っていたという田宮会長の零戦に対する思い入れは格別である。1963年6月、タミヤが発売した最初の零戦、1／50の五二型は本物の零戦に触れた体験のある人々に絶賛された傑作キットだった。当時は、そんな人たちが未だ数多くご存命であった。それから50年以上が過ぎ戦争経験者は減ったが、近ごろのモデラーは写真や図面、模型を通して、ある意味本物に乗っていた人々よりも零戦の細部を知り尽くしている。だがタミヤはそんなモデラーですら驚かせる傑作をまたも生み出したのである。

新しい五二型は繊細かつキレのあるモールド、こまかなところまで配慮の行き届いた組み立てやすい設計で、フィギュアも5体がセットされ、4種類の立像は、機体の塗装に合わせ様々な状況を再現するのに役立つ。また別売の「1／48零戦五二型ディテールアップパーツセット」には黒染めされた金属挽きものの20㎜機銃砲身、ピトー管、シートベルト、脚位置指示棒、駐機中の機体の必需品、車輪止めなどのエッチングパーツと、目立つ上に簡単な作業で精密感を増すことのできる主脚ブレーキパイプ用の銅線などがセットされている。これさえあれば、もう一段階上の工作が容易に行なえるのだ。

三菱 零式艦上戦闘機 五二型／五二型甲

タミヤ 1/48 インジェクションプラスチックキット

MITSUBISHI A6M5/5a ZERO FIGHTER (ZEKE) TAMIYA 1/48 Injection-plastic kit

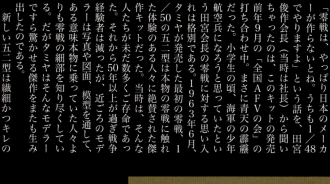

キットの素質が優良で、説明書のとおりに組んでいっただけですぐれた完成品が容易にできてしまうと、ベテランのモデラーのなかには物足りないと感じる人もいるだろう。すばらしい新製品を手に入れて爆発的に燃え上がった余剰製作意欲はコクピットやエンジンに細部パーツを追加したり、機体全面にリベットを打ってしまうとかで解消することもできる。ローガンの場合はその余剰意欲をタミヤ1／48「プロペラアクション零戦二一型」のモーターその他を利用しての航空ダイオラマ製作に向けた。当時の担当者からマリアナ沖海戦に参加した空母「隼鷹」搭載機を作るよう命じられ思いついたのは、大きな波で高低差があり透明感のある海で、日本海軍圧勝中。タイトルは「水飛沫」それに「撃墜」を意味する「ＳＰＬＡＳＨ！」と決めた。

同じ会社の製品だけに、二一型のモーターはパーツの一部を交換し微調整するだけで容易に五二型へ装着することができた。モーターの軸は外径1・4㎜、内径1㎜の真ちゅうパイプで延長、それを外径2・1㎜、内径1・5㎜のアルミパイプに差し込んで接着するとキットのプロペラに組み込まれるポリキャップにぴったりとはまる。ただしセンターを正確に出さないと、どこかに当たってうまく回らない。少々面倒だが、根気よく微調整してゆくしかない。

あとはいつもの「はじめゆるゆるなかぱっぱ、最後は慎重極まりない作業」で仕上げる「ムラ出し流、大名作り」。最初から神経張りつめてたら楽しくない。まずデタラメにやっとくと、塗りムラで塗膜がムラムラデコボコになって、仕上がりがものすごくリアルになるのである。楽でよい仕上がりが得られるから「大名作り」なのよ。

本物の零戦を見るとパネルラインやリベットはほとんど見えず、外板のデコボコだけがイヤに目につく。よってローガンはスジ彫りへのスミ入れは特定箇所を除いてほぼ全廃。積極的に雑な厚塗りをして表面をデコボコにして、スジ彫りは少々埋まっても気にしない。とはいえ、相当な厚塗りをしてもスジ彫りはそうそう埋まらないもんだよん。エアブラシで均一な塗装をすると、スジ彫りにスミでも入れないと単調になるが、筆塗りのムラムラのスジ彫りにスミを入れるとくどすぎる。またラッカー塗料を筆で塗り重ねると、実機に近い、深いツヤが出てくる。塗りムラやデコボコ、塗った当初はとても気になるけど、仕上げ塗装を進めてゆくにつれ平気になり、やがてむしろいい感じだと思えるようになってくるから不思議だ。目が慣れるってこともあるだろうけどね。ここまではダダダーッっとゆくが、デカールを貼ったあと仕上げの「塗装が擦れて明るい色になり」さらに擦れて「ジェラルミンが露出」している表現は、面相筆のそのまた先端で極限まで細く繊細に入れるとリアル。搭乗員や整備員が乗るとどの辺が剥げるのか、想像しながら塗るのはとてもおもしろいからこまかい作業でも苦にならない。塗装はすべてＧＳＩクレオスのＭｒ・カラー。で、描き損じてもはみ出しても、塗りつぶしてまた描くなり、修正すればいいから気楽でもある。ローガンの場合はいつもおもしろがって剥げをたくさん入れすぎて、あとで機体色で消す場合が多い。このときできる色ムラがまたなんともいえない味わいでいいのだよ。

今回は機体とフィギュアで3日、ベースに2日を費やして完成。予は満足ぢゃ。

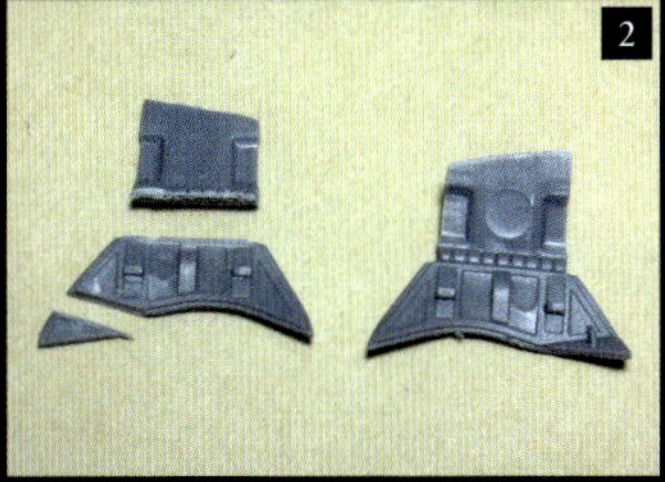

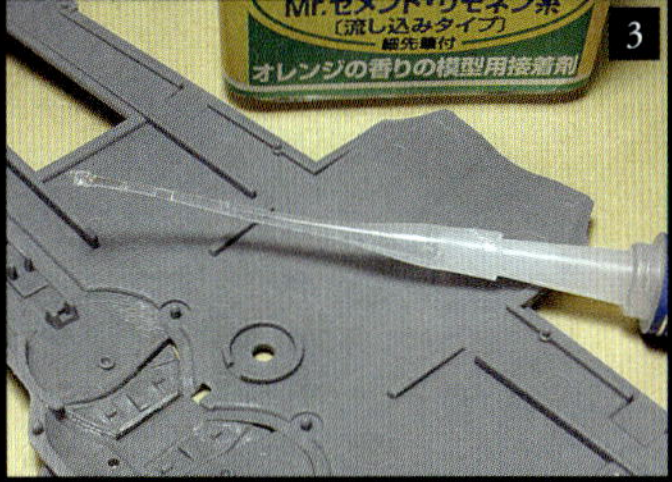

1キットのA46パーツの代わりに「プロペラアクション21型」のパーツとモーターをセット。2飛行姿勢にするため主脚カバーを3つに切り離す。3主脚収納庫のパーツを接着する前にカバーを接着。まずプラ用の流し込み接着剤で止め、隙間に瞬間接着剤を流して固める。4機体全面にGSIクレオスの33番フラットブラックを塗る。5油粘土（300円くらい）で、インターネットで見つけた海の写真を見ながら波のかたちを作る。6石膏（300円前後）で反転型を作る。7石膏型にサーフェーサーと離型剤を吹き、高透明シリコーン・エストラジルSLJ3220（約4千円）を流す。油絵の具で着色できる。今回はウルトラマリンブルーとイエローグリーンを混ぜて使用。この時作った着色シリコーンの一部は後の作業用に硬化剤を入れず、別容器にとっておく。硬化まで12時間から15時間。8救命ボートが浮かぶあたりにカッターで穴を掘る。9別容器に入れておいたシリコーンに硬化剤を入れ、ボートの穴に流し込む。型の表面を写し取って梨地状になっていたシリコーンの表面にも塗る。波頭はアクリル系塗料の白を混ぜたシリコーンで表現。10塗装、最後の仕上げは面相筆で慎重に。11裏側はどうせ見えないのであっさり仕上げ。12プロペラ回転機構を奪われ余った二一型は子供に作らせ、座敷で父子零戦模型勝負。もちろん父の圧勝だ

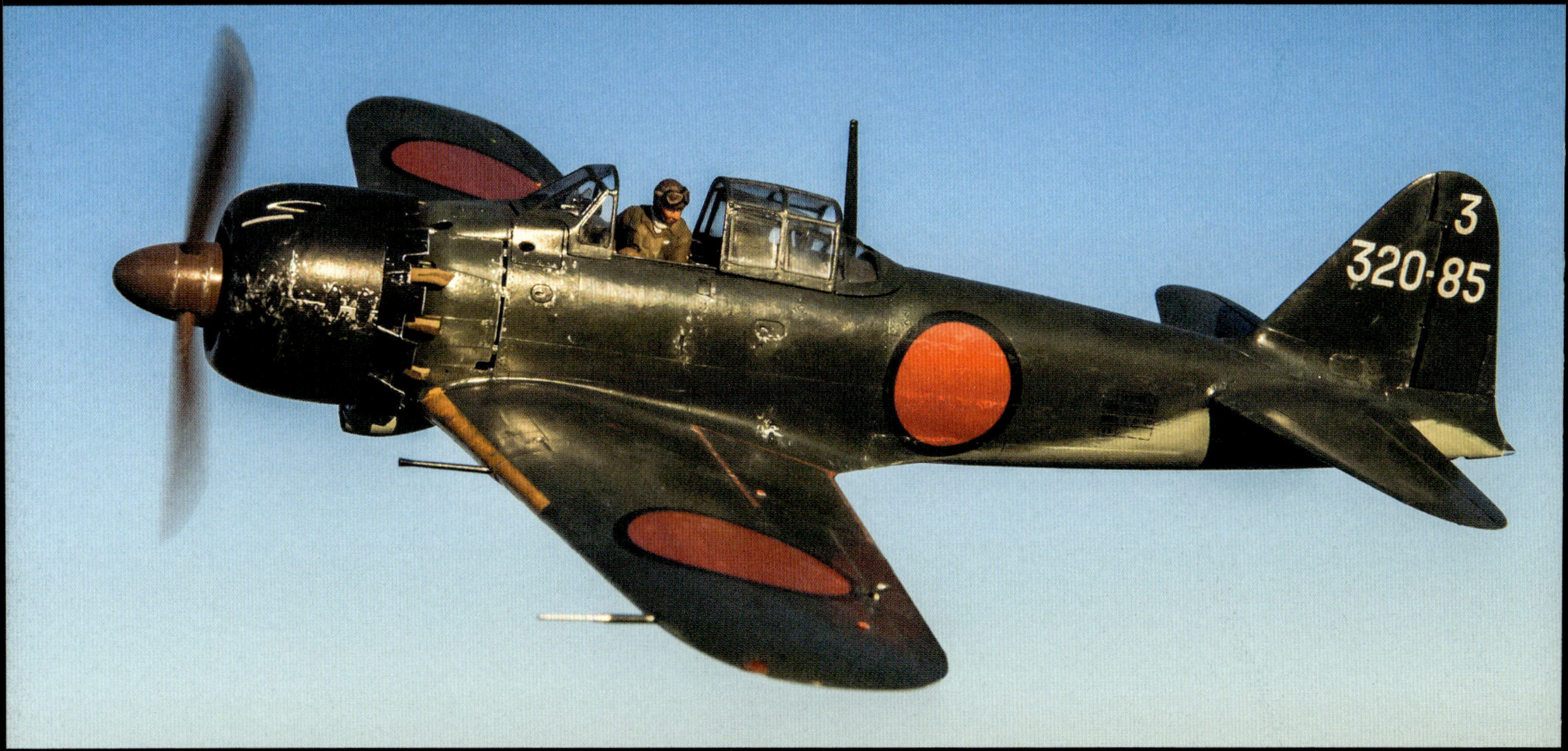

三菱 零式艦上戦闘機 五二型／五二型甲

タミヤ 1/48 インジェクションプラスチックキット

MITSUBISHI A6M5/5a ZERO FIGHTER (ZEKE) TAMIYA 1/48 Injection-plastic kit

こんだけ図体がでかいと、缶スプレーで豪快に塗りたいわけです

女郎屋から直接出撃したこともあるという、破天荒な撃墜王の中の撃墜王、赤松貞明
女連れで敵機を墜としたとまで言われる彼の乗機として知られるのが、
帝国海軍随一のインターセプター雷電であった
どう見ても大ボラのこの逸話、しかしこれって実際にやっちゃったらどうなるのだろうか
対1/32スケールの大型キット用に考案した新技術を頼みにして
ハセガワのキットをネタに史上類を見ないアベック搭乗の雷電に挑んだのである

でかくて図太くって扱いにくくて……と
なんだか型破りな飛行機、雷電
なのでこちらも型破りなアベック操縦と
さらに型破りな缶スプレー塗装で迎え撃ったのだった

三菱 J2M3 局地戦闘機 雷電 二一型

ハセガワ 1/32　インジェクションプラスチックキット

同伴撃墜伝説の超エース、赤松貞明少尉

本土防空戦、三〇二空で雷電に乗っていた頃の赤松貞明中尉。毀誉褒貶の振幅の大きな搭乗員だったが「松ちゃん」と呼ばれ上司にも部下にも人気があった。「日本海軍戦闘機隊2　エース列伝」（伊沢保穂著、大日本絵画刊）によると、赤松中尉は明治43年、高知県に生まれ、昭和７年に第17期操縦練習生として戦闘機乗りになった。空母への乗り組みを経て、日華事変に参加して11機を撃墜。その後、ポートダーウィン攻撃、カルカッタ攻撃などにも参加。本土復帰後は、三〇二空で終戦まで雷電に搭乗して戦った。総撃墜スコアは本人によれば350機、実際には27機程度とされている

写真提供／伊沢保穂

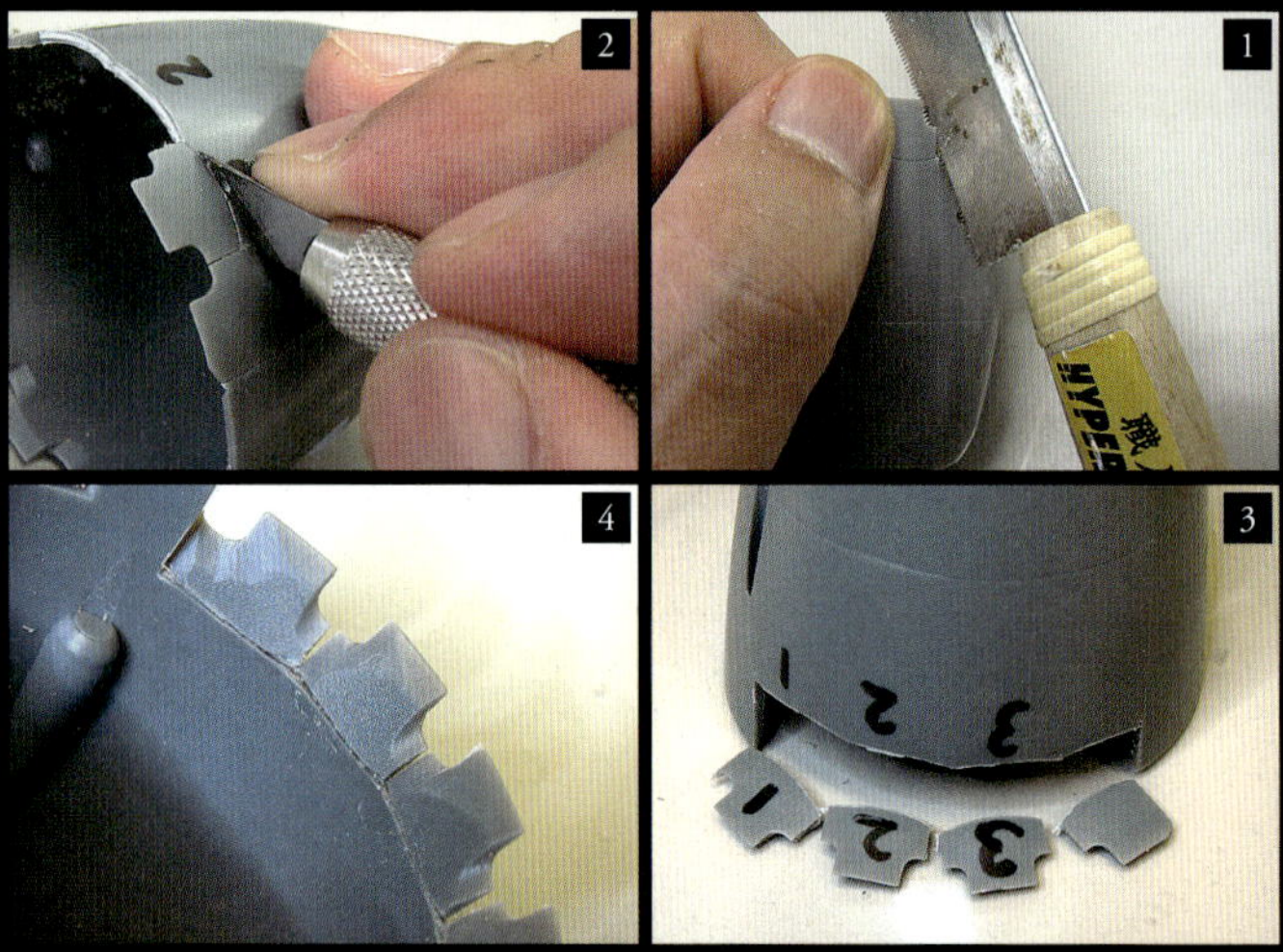

動かすと、最小の手間でわりと変化が際立つカウルフラップ

1職人気質のハイパーカットソーでカウルフラップに0.1㎜幅のシャープな切れ目を入れる。ハイパーカットソーは切りしろが小さく、切れ味も抜群なのでこういった作業には最適だ。2曲面になっているカウルフラップの根元は、デザインナイフで深く切れ目を入れてから、指で折り取ってゆく。3切り取ったカウルフラップは、切り取り面がそれぞれ微妙に違うので、ピッタリ合わせるため元の場所に接着できるようにマジックペンでそれぞれ番号を入れておく。4接着する前に、カウルフラップは裏から縁を薄く削っておく。開くところの部分はけっこう目立つ

空中カップル用(?)戦闘機雷電

雷電といえば、まず真っ先に思い出すのが日本海軍の伝説的エース、赤松貞明中尉である。最近は余り耳にしないが、昔は撃墜３５０機と言われていたものだ。赤松中尉は日華事変以来のベテランで、その空中指揮は合理的かつ冷静で、個人の空戦技量が抜群であったのはもちろん、後輩の面倒見も良かったという。その一方で、とんでもない気分屋で、いつ怒り出すかわからない。女郎屋から直接飛行場に駆けつけて出撃したなどといった逸話もあり、それにデカイ尾ひれがついたのか、女連れで雷電に乗って敵機を撃墜したなどという話まで聞いたことがある。まず間違いなく大ボラ話だが、雷電に女連れで乗ったらどんな具合になるんだろうか、と、思ったら作りたくてしかたなくなっちゃった。

ハセガワの1／32の雷電のコクピットは実機通り、とても広い。まず、キット付属の竹 一郎氏原型による搭乗員フィギュアを前後に薄く削り、その上に、ウクライナのマスターボックスの女性フィギュアをバラバラに切り刻んで接着してみると、なんとかうまく二人乗りができそうだとわかった。さて、このフィギュア製作の作業と平行して、今回、唯一、キットに手を加えたいと思った箇所、カウルフラップの工作に入った。これは目立つ機首にあり、動かすと、最小の手間でわりと変化が際立つ。どうせ一から十までデタラメなので気にする人もないかとは思いますが、作例の塗装は赤松機のものではないのでご注意ください。

さらに塗装に関してはでっかい1／32対策に、今までやったことのない荒技を使った。

人の体の柔軟さをよく考えて、空中デートカップルの製作にとりかかる

プラスチックのフィギュアは硬いが、人間の体はそうとう柔軟なので、その点を強く意識して、カップルの体はそれぞれ思い切って削り込む必要がある。作例くらい削っても、まだまだ足りない気がする。上級モデラーならば、針金を芯にエポキシパテで造形するところだろうが、ローガンにはとてもできない

◀本当は和服で日本髪を結った芸者を膝に乗せて、股を割って操縦桿を握っているところを作りたかったが工作的にあまりにも難しかったので、飛行服にしてしまった。しかもお姐さんの飛行眼鏡は間違えて上下逆に接着しちゃった。すまん

1竹 一郎氏原型によるキット付属の搭乗員フィギュア。こんな出来のよいフィギュアを削り込むにはちょっと勇気がいる。2上に載っているのは上半身がマスターボックス「Europe 1945」、下半身はドラゴンのソ連女狙撃兵フィギュア。バラバラ具合がスゴイでしょ。3頬と頬を密着させるためにご両人の側頭部は大胆に削っている。また胴体もそうとう削っている。4上の女性フィギュアに取りあえず腕を着けてみる。スロットルは握れるが、操縦桿には手が届かないのがわかった。5スロットルは女性が握り搭乗員が手を添え、操縦桿は搭乗員が握り、女性が上から手を添えている状態にした。6操縦桿はあらかじめ搭乗員の手に接着してしまっている。女性の手は、包み込むように、指先を曲げている。7パテを盛り、操縦席に密着するようパテが硬化する前にセロテープで機体側をマスキングして押し付けている

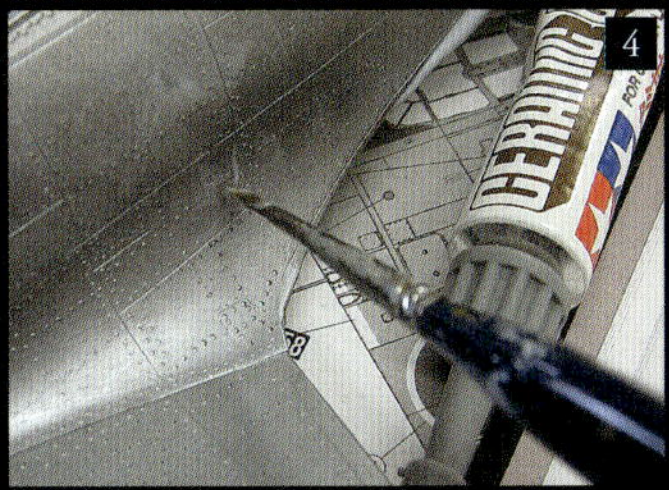

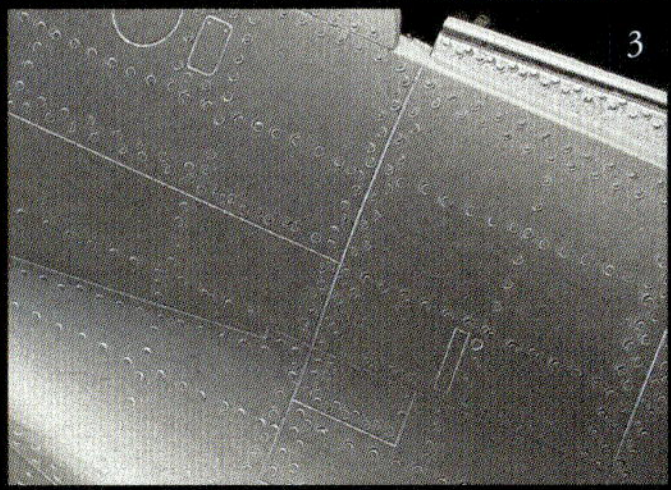

リベットを打って男前にでも見えるところしか打たないのだ

1主脚を畳んで飛行状態にするのは、かなり大変だった。もうこれはメーカー様が与えたもうた試練だね。2あらかじめフラットブラックのスプレーを吹いておいたコクピットだけマスキングして、モデルカステン丸サフのオフシルバーを吹いた。3丸サフを吹いたら浮き上がって来たリベット。便利工具Mr.リベットマーキングの威力は絶大だね。4暗緑色の塗装が剥がれる予定地点に、毛先の荒れた筆を使って、タミヤのグリスを点々と塗っておく

三菱 J2M3 局地戦闘機 雷電 二一型
ハセガワ 1/32　インジェクションプラスチックキット
MITSUBISHI J2M3(JACK)TYPE 21 JAPANESE NAVY INTERCEPTOR HASEGAWA 1/32 Injection-plastic kit

缶スプレーで一気に行って、密度の濃い作品を作ろう

1/32の機体は筆で塗っても、エアブラシで塗ってもハンドピースを持っている手がダルくなるくらい疲れる。でかい機体をちまちまと塗って、それだけで体力、気力を大きく消耗してしまうと、結果としてなんか密度の薄い完成品になってしまいがちだよね。それを考えただけで作りたくなくなるが、こういう時こそ缶スプレーだ。それこそ秒速で塗れる。基本塗装が楽なら、仕上げのウェザリングなどに注ぐ力と時間に大きな余力が残る。特にモデルカステンのマルチパーパスサーフェイサー「丸サフ」（現在店頭在庫のみ）のオフシルバーを使えば銀色の下地塗装と、サーフェイサー塗装が一気に済む。さて仕上げ密度に貢献する画期的工具がミスターホビーのMr.リベットマーキング。リアルなリベットが簡単に打てる。また細かいウェザリングには絶品の使い心地、トライツールの熊野筆シリーズがお奨めだ

◀飛びはじめてしばらくは楽しいでしょうが、10分くらいたったら窮屈でイヤになってくるでしょうねえ。特に上のお姐さんは安全ベルトもなくて怖いし、風圧はスゴイ、エンジンはうるさい。青々した彼氏の髭もぞりぞりと痛そう。写真取ったら気がついたけど、風防に接着剤が着いてる。でも他の部分も充分に仕上げが粗いから、あんまり気にならないや。作品というのは、つくづく全体のバランスと調和ですねえ

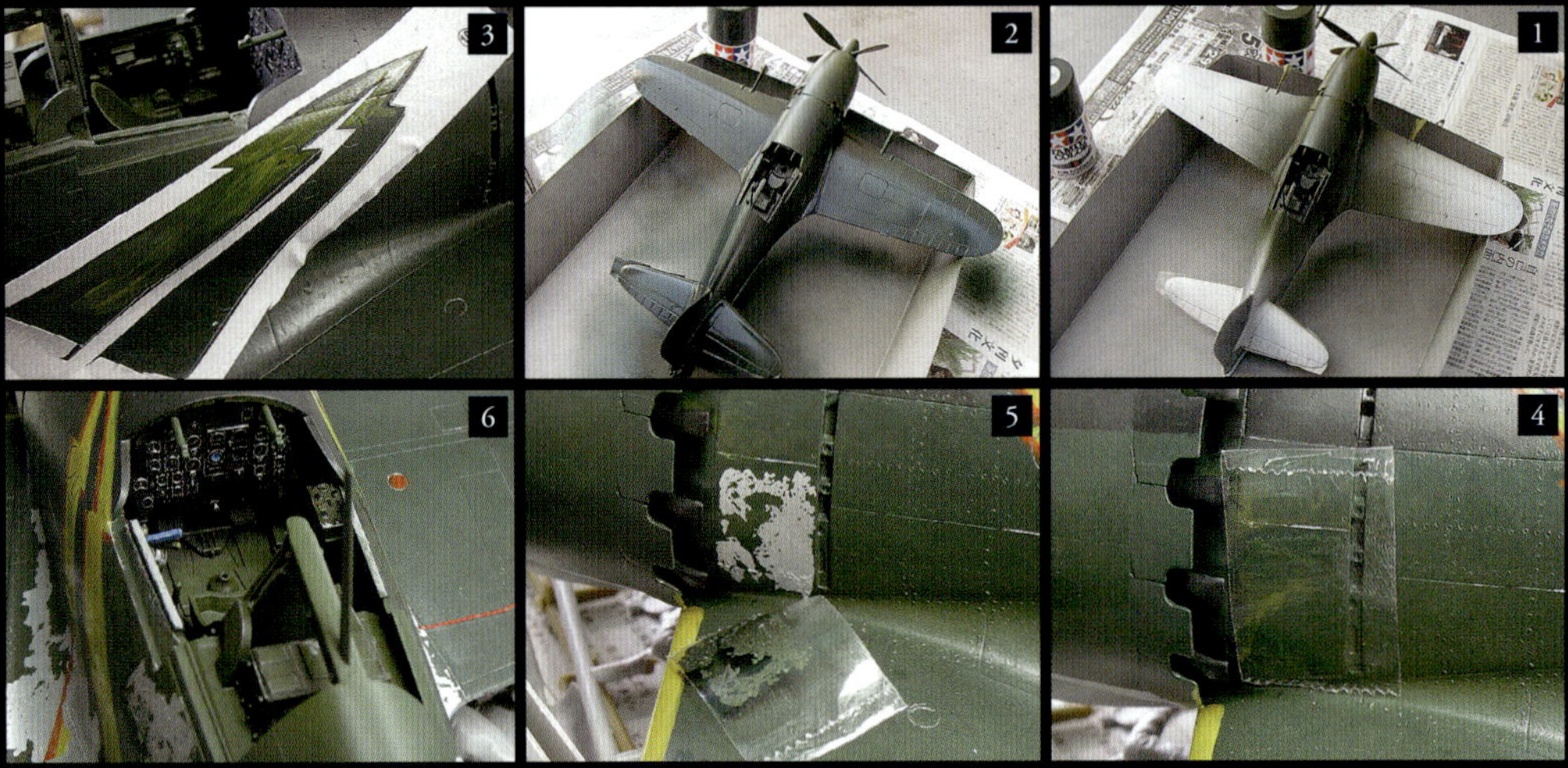

1コクピットとその周辺に、タミヤの缶スプレーAS-9ダークグリーンを吹く。あらかじめ、フラットブラックを吹いておいた計器板だけマスキングをしている（実は無駄な作業だった）。色がコクピットからはみ出し周辺一帯についてしまっても、まったく問題なし。というか、周辺についてしまった方が後で具合がいい。2タミヤのAS-21、暗緑色2を吹く。ダークグリーンを少々塗り残す。暗緑色は色があまりコクピットに吹き込まないように（多少は吹き込んでも大丈夫）主翼の翼端や、尾翼の辺りから吹きはじめ、コクピットのちょっと手前まで吹く。ダークグリーンが少し残ってもいい。3デカールをコピーした紙の裏面に両面テープを貼って切り抜いたマスキングを貼り、それを目安にラッカー系の黄色で稲妻を手書きする。黄色には少々茶色などを混ぜ、イエローオーカーくらいまで彩度を落として塗る。それでもここに塗ると立派な黄色に見える。塗る時にはさっと一筆で塗り、乾いてからまた塗り重ねる。返し筆をすると下地の色が溶け出してくるので注意。三回くらい塗ると、ムラムラでいい感じの稲妻ができる。4グリスを塗っておいた箇所にセロテープを貼る。わくわくドキドキ。5ペリッと剥がすと、この通り。リアルな塗装剥げが一瞬でできる。グリスの威力は絶大だ。絶大なだけに控えめに塗っておかないとたいへんなことになる恐れがある。くれぐれも控えめに。6コクピットは組み上がった状態から筆を突っ込んで塗れる範囲だけ塗る。今回は、最初にフラットブラックの缶スプレーでコクピット全体を塗装、計器板だけマスキングして、ダークグリーンの缶スプレーを吹いたが、実は実機では計器板もダークグリーンだったので、この作業は不要だった。読者の皆さんが、ローガンの過ちを知り、正しく行なえば、この缶スプレー塗装はこの作例よりももっと簡単にできるってことですね

暴挙、缶スプレー乱れ吹き塗装

1／48とかでも、筆塗りだとたいそう手が疲れる。まして1／32。これは大変なことになった。なんとかして楽したい。そこで思いついたのが缶スプレーの一気塗り。

まずコクピットの中にフラットブラックを吹いた。でも考えてみるとこれは不要だったかも。次にコクピットをマスクして、モデルカステンの丸サフ、オフシルバーを吹いた。このマスクも不要だったので、読者のみなさんは参考にしないように。

次に機体をひっくり返して、下面にタミヤのAS-2明灰白色を吹く。乾いたら、水平尾翼の裏側と、主翼フィレットの縁だけマスキングテープで覆い、上面と下面の境目は粘土状のブルタックを細長く丸めた物でマスクする。こうすると塗り分けの境目が微妙にボケていい感じになる。

マスキングが終わったらコクピットをタミヤのAS-9ダークグリーンで塗装。マスキングも何もしない。周辺もダークグリーンになっちゃっても気にしない。

その後、タミヤAS-21暗緑色2を吹く。もちろんマスキングなんてしない。尾翼や主翼の両端から吹きはじめ、コクピットの中に吹き込まないあたりで止めておく。コクピットの周辺にダークグリーンが残るが、むしろその方が塗装に変化がでていいのである。

機体側面の雷光のマーキングは実機写真を見ると、かなり雑に描かれていることがわかる。雑と言えばローガンの得意技だ。そこで手描きに挑戦。まずキット付属のデカールをコピー。裏に両面テープを貼り、稲妻部分を切り抜いて機体に貼って、茶色を混ぜてやや彩度を落とした黄色をいきなり筆で塗る。もちろん、一回ではよく発色しないので、形のゆがみを直しながら何度

2

ハゲると出てくるリベット効果

1ハセガワの雷電にはリベットの表現がないが、全面を日本海軍の暗緑色に塗ってしまえば、なくても全然気にならない。しかし、こうして塗装を剥がしてみると、苦労してリベットを打った効果が見えてくる。余談だが、実機の雷光のマーキングも、下の縁はこんな具合に刷毛で乱暴にぼかしてあり、ローガンの塗装はヘタなようでも、実はけっこういい線いっているのである。2リベットのないキットそのままの機体にグリスを塗って塗料をセロテープで剥がしただけの状態だと、こんな感じ。なんかこれでもいいような気もするね

1

▲昭和20年9月、米軍が厚木基地で撮影したカラー写真。かなり変色しているので、これが海軍機の正しい色調だなどとは言えないが、塗料の剥げ方の参考にはなる。また雷電の機首に塗られているはずの黒い防眩塗装が暗緑色よりも明るく見えるのに注意。おそらくかなり強いツヤ消しなので光が乱反射してこのように見えるのだろうか

も塗る。

さてコクピットは、人を二人乗せてしまうとほとんど見えなくなってしまうので、計器板の銀ドライブラシをはじめ、筆を突っ込んで塗れるところだけ塗る。ここまで楽に来たので、まだまだ細かいウェザリングを実施する体力、気力は充分残っている。大型キットの攻略は、缶スプレーの乱れ吹きに限るね。

三菱 J2M3 局地戦闘機 雷電 二一型

ハセガワ 1/32　インジェクションプラスチックキット

MITSUBISHI J2M3(JACK)TYPE 21 JAPANESE NAVY INTERCEPTOR HASEGAWA 1/32 Injection-plastic kit

模型を作っていると、当然ながら失敗する
なので、失敗を避けるのはほとんど不可能
そんなら失敗しても凹まない心を身につけた方が
ドンドン模型が完成するモデラーへの近道だ

やはり模型作りには強い心が必要なのだよ、諸君

まあ、模型なんか好きに作って自分で面白がっていればいいとはいえ

JUDY
彗星四三型
FineMolds
ファインモールド

お腹のロケットをグレイ2色で塗り分けておりますが、これはまったく根拠なきことなので、ご注意ください。排気の汚れはターナーのアクリルガッシュをタミヤ水性アクリルのうすめ液で溶いて塗った。こうすると完全ツヤ消しになる。今回も例によって、タミヤ1/48プロペラアクション零戦二一型のモーターその他を組み込んでプロペラを回してる。だから本当は腹から3mm径のアルミパイプが突き出しているのですが、雑誌掲載時には画像加工で消しております

勝つと思うな、思えば……

美空ひばりはやっぱりいいっすねえ。「思えば負け」なのであります。読者のみなさんの中には、自分には「とても模型雑誌に載ってる作例みたいな作品は作れないけど、ローガンには勝ってるかな」と思っている方も多いのでは？　しかし、そう思った瞬間すでに君等は負けているのだよ。ローガンに勝つってのは、つまりもう少し時間かけて丁寧かつ、慎重、正確に作れば「いくらなんでも」これよりは上手に作れる、という思いではあるまいか。そういう根性では一生ローガンには勝てぬ。他の人には勝てるけどね。

ローガン流の要点は、まず「自分に克つ」ということだ。この場合の「自分」とは製作中、パーツを着け間違えたり、デカールを貼り損なったり、塗装中指紋つけちゃったり、キャノピーの枠をはみ出して塗っちゃったり、接着剤で曇らせちゃったり、ピトー管の先端折っちゃったり、そういうことがひとつでも起こったら「ああっ、失敗だ。もうダメだ」と製作意欲が減退してしまう「自分」ね。

ローガンとて、そんなことが起こったら平然とはしてられぬ。もともと気が小さいので、もう気になって気になってしょーがない。しかし今回はそんな自分に打ち克って完成したのである。ちなみに今度の彗星四三型では右に列記した失敗を全部やらかしております。

従って「ローガンに勝つ」には製作中もっとたくさん失敗して、もっとひどい作品を作って、しかもまったく気にしない、場合によっては「威張って自慢する」という精神を涵養せねばならんのよ。ハードル高いでしょ？

さてファインモールドの彗星シリーズはかなり古いキットである。

従ってキットの製作もCADで設計して機械加工みたいな手法ではなく、木型を作って、それを機械で倣って金型を彫るという工程で作っている。外注先からできあがってきた木型は、同社のモデラー「金さん」こと鈴木邦宏社長がニュアンスをつけるために自分で修正しているし、金型の工程に社長自らも手をかけている。当初から彗星シリーズは、一一型から四三型までをキット化することを想定したため、胴体はかなり大胆な分割で、バリエーションを作るごとに現物合わせをしてゆくという、今では考えられないような手間のかかることをしている。また、四三型のロケットについては高荷義之氏のところに聞きに行ったりなど、資料集めにもかなり苦労したらしい。また今回は飛行姿勢にしてしまったので使わなかったが、付属の立ちポーズの海軍搭乗員フィギュア(同社の浦野雄一原型)も大変いい雰囲気にできている。またキットに同封されている実機解説も懇切で良心的だ。それやこれや心して作ると、少々パーツの合いが甘いところなど気になりませんね。

ちなみに今回から、ローガンは機体外板の継ぎ目を表す凹モールドへのスミ入れは全廃しております。スジ彫りを際立たせたいところはカッターで切れ込みを入れ、ちょっと深くしてるだけ。ローガンも色々考えて試行錯誤しておるわけですが、どうすかねえ、こんな感じは、ひと手間減って楽だしねえ。

空技廠 D4Y4 彗星四三型

ファインモールド 1/48 インジェクションプラスチックキット

KUGISHO D4Y4 JUDY Finemolds 1/48 Injection-plastic kit

601-33

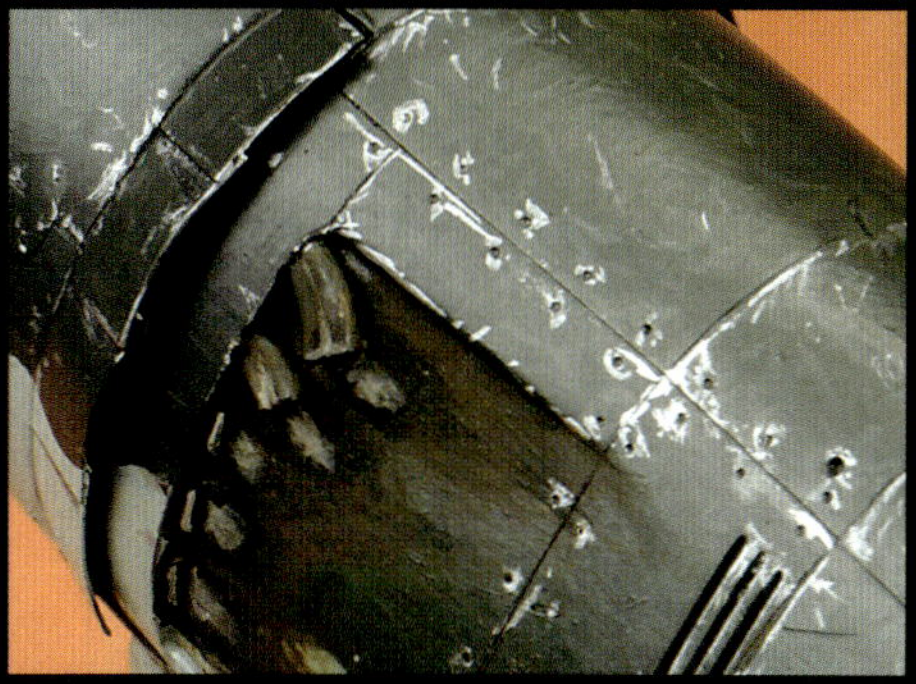

今回からローガンが廃止したこと。1.機体全面へのリベット打ち。2.スジ彫りの彫り直し。3.ラッカー塗料の下塗りへのエナメル塗装での上塗り仕上げ。4.マーキングを塗る際のマスキングテープの使用。5.アンテナの空中線(あっ、こりゃ、もともとやってなかった)。6.エナメル黒でのスジ彫りへのスミ入れ。7.高価な良い筆の使用。こうしてローガンの作品はますます速く、安く仕上がるようになってきたのであった。エコ・モデリング優等生だなあ

箱絵を参考にカウルフラップと爆弾は頑張りました

1箱絵のカウルフラップが開いていたので、真似して開くことにした。キットのカウルフラップ部分を切断して、ホビーベースのプラストライプを切って作ったカウルフラップを接着している。両側と僅かに重なり合うように接着するのがポイント。2800kg爆弾も箱絵を見て、少々ディテールを追加。写真では見えないけど、尾部には信管解除用の小さな羽根車も追加してる。3機体の塗装はまず例によって真っ黒け。4明灰白色を平筆でまず一塗り、当然、ムラだらけ。5ふた塗り目を塗った部分は微妙なムラが残るのみ。6上面も同じように平筆でやっつけ、塗り分け部分など細かいところだけは細筆(185円)で仕上げてゆく

機体全体はGSIクレオスの三菱系暗緑色に微量の白と、赤褐色をやや多めに入れた色で塗装。機首から前面風防の辺りまでは、その色に黄色を足した色調で塗り変化をつけている。風防は三つに切断し、真ん中の風防は縦に2分割して幅を狭め、後ろにスライドした風防が上に重なるよう加工している。モデルカステンの陸海軍パイロットセットの尻を写真のように切り取ると座席にうまく収まる

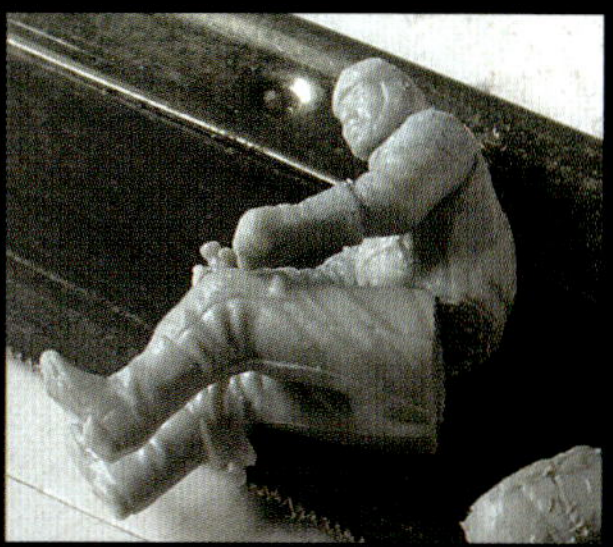

空技廠 D4Y4 彗星四三型

ファインモールド 1/48　インジェクションプラスチックキット

KUGISHO D4Y4 JUDY Finemolds 1/48 Injection-plastic kit

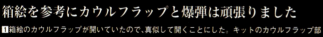

航空ダイオラマレイアウト講座

ここらでちょっとひと休みして、飛行機のダイオラマを作る上でのレイアウトのコツを不肖ローガンの情景を題材に伝授してしんぜよう。ダイオラマを作る上で、ローガンは何も考えていないようだけど、実はこれでもけっこう色々と法則があるのだ。とはいってもそこまで難しい話はほとんどないので、気軽に真似できるところから真似してたもれ

飛行機に限らず、模型を使ったダイオラマのレイアウトっておもしろい。まず飛行機を置いて、ストーリーを考えながらフィギュアを並べて、車両も添えたりする。子供の頃は、これ専門だったよね。要するに、模型を使った戦争ごっこだ。並べたり、考えたりする過程が単純におもしろいし、並べ方で性格がわかったりする。精神病の治療に箱庭療法ってのがあるくらいだから、くたびれた心の癒し効果だってある。

とりあえず並べるだけでとても楽しいんだけど、ひと通り遊んだら「絵」としてきれいだったり、印象的なストーリーをより強く表す情景が作りたくなってくるもんです。

そのためには構図が重要。どんなに地面やフィギュアを細かく作り込んでも、構図があまいと作品に緊張感がでない。そこでこのページでは、ローガン梅本がダイオラマの構図作り、レイアウトの基本を簡単にお教えいたします。

一人よりも二人、そして三人みんなが同じ方向を向けばそれだけ強くなる

ダイオラマに配置するフィギュアはなるべく少ない方がいい。例えば二人なら、その関係性はすぐに説明でき、ストーリーも明確になる。もちろんメインのストーリーの他に何をしているのか明確なフィギュアを配置してサブストーリーを作るというやり方もあるが、たいていはふたつのストーリーが互いに干渉しあって、全体の印象を曖昧なものにしてしまう。特に初心者は、ひとつのダイオラマにストーリーはひとつ、登場人物は最小限と決めた方が間違いない

ダイオラマの心得はたったの三つだけ

1 ダイオラマベースはなるべく小さく、車両や機体の一部が必ず外にはみ出すくらいが目安

何度も繰り返すようだがベースはなるべく小さく。配置するメインの飛行機や車両の一部が必ずはみ出す大きさというのがローガン思想。もし万一、配置する飛行機よりも大きなベースを使わなくてはならなかったら端に寄せて翼端とかがはみ出すようにする

2 登場人物はなるべく少なく、二人の人物を使ってひとつのストーリーを作るのが基本

ストーリーをシンプルにするのはダイオラマだけでなく、小説でも映画でも基本中の基本。サブストーリーを設けたり、別のストーリーを伏線にしたりするのはプロでも難しい。別のストーリーを思いついたら混ぜずに、もうひとつ別のダイオラマを作ろう

3 動きを殺す平行、水平やシンメトリーは避け、斜めの方向線で模型に生命の躍動を与える

もちろん、平行で水平、シンメトリーな構図で「死んだ戦友を悼む」みたいに静謐なダイオラマを作りたいという人はいるだろう。だが特別そういう物を作りたい人以外は、あれもこれもみな斜めにすること。そうすれば情景に動きと生命感が出てくる

ひとつのストーリーを構成するフィギュアの配置は互いに向き合う場合と、皆がひとつの方向を向いているという演出をする場合とがある。人がある方向を向くというのは、ひとつの意志の現れである。その意志は人数に比例して大きくなる。つまり、二人よりも三人が一方向を見ていると、ストーリーがより強くなるのだ

風やスピード感を表現するのに簡単で有効なのが風になびく草だ。下はプロペラ後流を表現するため、アスパラガスで作った草を一定方向に傾けフォルモの地面に植えている

禁じ手、単純な形ほど強い恐ろしいドラム缶の毒電波

みんなドラム缶が大好きだ。でも単純な形の物は印象も強い。だから情景にドラム缶を加えると、やたら目立ってしまいがち。目障りな電波を出すのでドラム缶は使わないのが無難

【はみ出すと広がる。囲い込むと縮んじゃう。まずこれが基本だ】

絵や写真でも、画面の中に被写体、例えば顔や人の全身をきれいに入れてしまうと、なんだか息苦しいし、少々縮んだような印象を受ける。ところが後頭部や、体の一部が画面から切れている写真は、その切れた部分から画面の外へと広がりが感じられる。実はダイオラマに配置された模型だって同じなのだ。

ベースの外にはみ出した位置に突きだしているピトー管等は金属パーツに代えておくと安心だ

いくらなんでも小さすぎるかと思ったが、できてみるとちょうど良かった八角形のデコパージュ。油性のオイルステインで着色している

フィギュアはなるべく数を減らして、関係性を明確にする。ひとつの作品に配置するストーリーはひとつに絞った方が「簡単で」効果的

機体はベースの真ん中に配置せず、必ず軸線をずらす。また四角い台だったら、台の矩形と絶対、平行にならないようにする

台の上に盛り上げる地面は、台の縁まで広げずに、少々隙間を空ける。このように作った地面部分は「アイランド」という

生えている草も漫然とは植えず、風の方向などを考えて演出する。この場合、画面の外にある海からの風にそよいでいる状態を表現している

白い砂は鉄道模型用のバラストをふるいで細かい粒子だけにして、ツヤ消しのモデリングペーストでベースに接着している

真上からだとよくわからないけど、ここの地面は高くなっている。飛行機の場合は難しいが、地面には高低の変化をつけるとよい

なるべくなるべく楽したい、と思って作ると意外といい感じになる

モデラーのＷｉｌｄＲｉｖｅｒ荒川直人さんは大きなベースにたくさんのフィギュアや小物を的確に配置したすばらしい作品を製作されている。あんな風に作りたいと胸を躍らせる人も多いとは思うが、工作の細かさや量はさておき、尋常ではない構成力がないとあれほどの作品は作れない。ローガンのように小さいベースに無理矢理置けば、構図が間延びしちゃうことはない。また地面の面積も狭くなるからていねいに作り込んでもたいした手間ではない。フィギュアの数も絞り込めば作るのは簡単だし、これまた一人一人をていねいに作ることができる。しかも、手間も時間もお金もたいしてかからない。

一方、大きなベースに多数のフィギュアや小物を配置した作品を作ろうとすると、どうしてもひとつひとつの作りがあまくなり、面積が広いだけに地面の作りもお座なりになりがち。その上、飛行機を中心に空いたスペースを埋めるような形であれこれ配置してしまうと、なんだか、まずどこを見たらいいのかわからないぼんやりとした作品になっちゃう。ダイオラマだけはケチで無精な人間が作った方が引き締まったいい作品になるようだ。

これを皮膚感覚レベルで理解するには
やっぱり1／32ということになるんすねえ

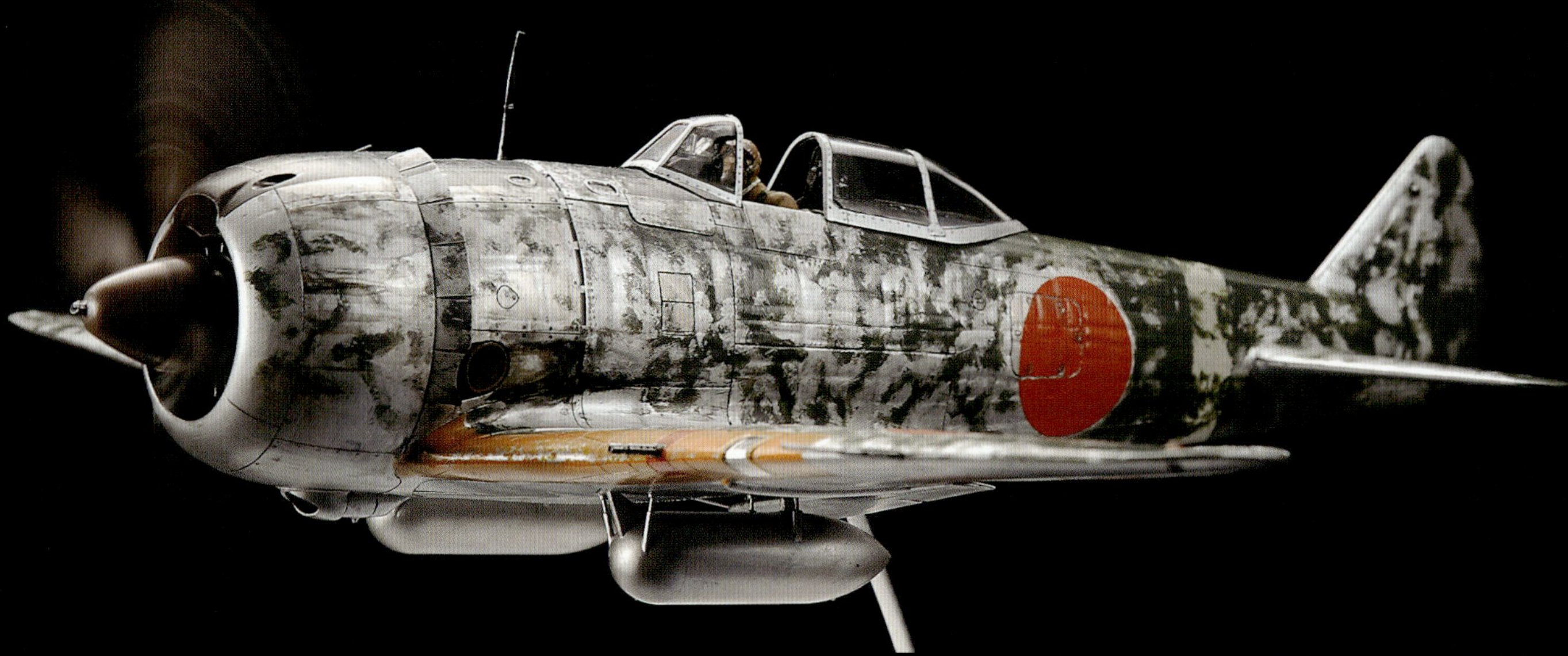

◀千葉県柏市、今は柏レイソルのグラウンドがある柏の葉公園にあった柏飛行場で撮影された飛行第70戦隊の二式単戦二型。もちろん光線の具合もあるが、外板がペコペコなのがよくわかる。この写真では特に縦方向のリベットラインのへこみが目立つ。▲飛行中の鍾馗二型甲。かなり距離をとって空撮した写真だがリベットラインの凹みが目立つ。特に機首付近から後方に向かって凹み具合が大きくなっているようにも見える（写真／菊池俊吉）

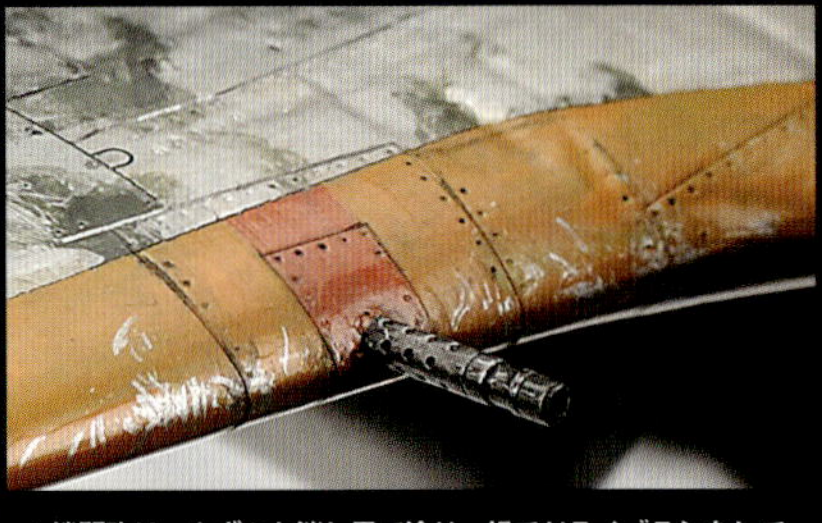

▲機関砲は、まずツヤ消し黒で塗り、銀でドライブラシをして、その上から鉛筆でこすっている。するとこんな感じになる

リベットライン再現は 飛行機のツィンメリットコーティング

今回の作例のテーマは外板の凹み表現と、機体の銀地肌と、迷彩色の同時塗装である。

鍾馗に限らず戦前の日本機はリベットラインがボコボコになっている。光の加減によってはけっこうすごく見えるけど、今回の作例ほどじゃないね。でも実機を見に行ったりすると、遠くから全体を見るばかりじゃなく、近づいて部分から部分へと見てゆくから、外板が凹んでるなァという印象がいっそう強く頭に残る。それから工作上、やってるうちにあんまりおもしろいんで、段々調子に乗ってきて、ついつい、やり過ぎちゃったというのもある。

飛行機のリベットラインというと「リベットの数が正確に描いてある図面がないので困る」というような人がたまにいる。それほどではなくても、定規やノギスを使い、丹念に彫り込むのが普通である。筆者にはとてもそんな技術も根気もないので、図面や写真を見ながらだいたいこんな感じという具合に鉛筆の下書きから彫刻刀での彫り込みまで全部フリーハンドでやっている。飛行機のリベットラインの凹みは、戦車でいえばドイツ戦車のツィンメリットコーティングや、装甲板の鋳造肌の表現みたいなものだって解釈だな。リベットラインっていうくらいだから凹んでいるところには全部リベットがあるはずだが、全部入れても、迷彩の緑を塗ってしまうところは見えなくなってしまう。リベットは塗装が終わってから、玉刳りを使い機首や操縦席周りなど目立つところにだけ入れた。

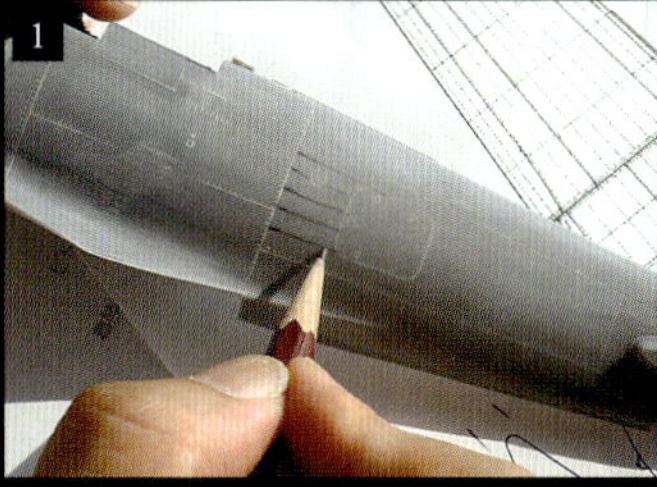

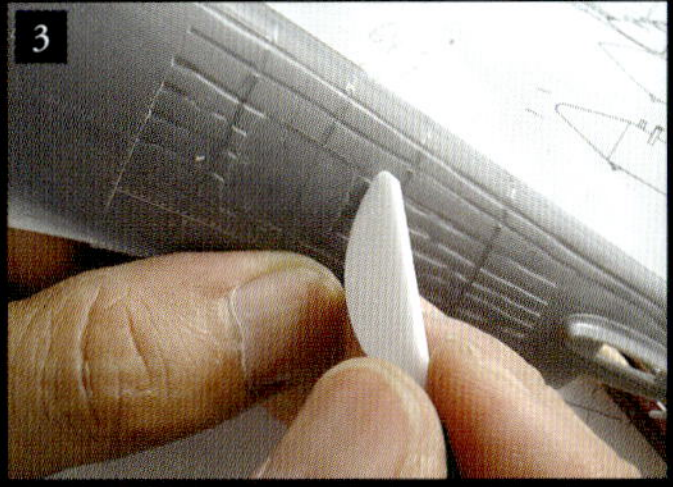

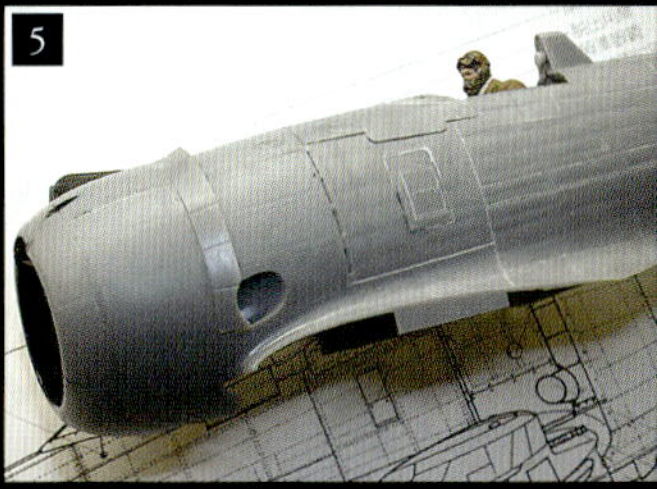

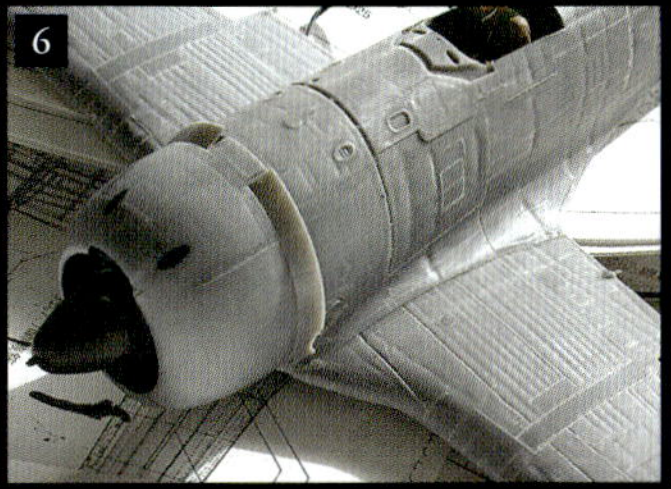

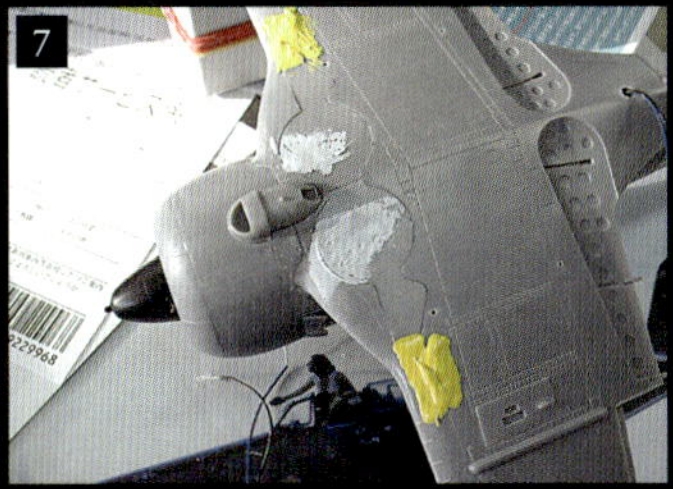

1まず機体全体を1500番くらいの耐水サンドペーパーで磨く。こうしておけば写真のように鉛筆でリベットラインの下書きをしやすくなる。下書きは図面を見ながらフリーハンドで入れる。大体でいいので、本数が一本くらい増えたり減ったりしても気にしない。2鉛筆の線に沿って彫刻刀で浅く溝を入れる。リベットラインに外板の凹みを表現する。深くなったり浅くなったり、少々曲がっても気にしない。むしろ、均一に深く彫ってしまわないように注意をする。3溝を彫ったら(作例は調子にのって深く彫りすぎた悪い例)、ボークスのプラカンナで溝の縁を丸めて境目をぼかしてゆく。4まず溝に沿って縁の角を落としたら、今度は横方向にカンナを動かして、溝の縁を均してゆく。5さて本当のところはよく知らないけど、重量のあるエンジンを支える機首部分の外板は厚めなのかも知れないと思って外板の凹凸は控えめにした。前からだんだん凸凹が大きくなっているのに注意。実機の写真でもこんな具合になっているような……気がする。6ここまでできたら塗装に入る。リベットは迷彩塗装を終えてから、目立つところにだけ入れる。78飛行状態にするため主脚カバーを接着。しかし機体下部には微妙なアールがついているため、まずそれに合わせて指で脚カバーをおおまかに曲げておく。接着したらパテを盛って段差を修正する。根元の方はカバーが足りないためポリパテで埋め、翌日に、耐水性サンドペーパーで修正する。9竹 一郎氏原型フィギュアの姿勢を少々改造して、旋回中、遠心力で操縦者が外側に押し付けられている様子を表現した。体は曲がっても、首はまっすぐに立てている感じにする。酸素マスクのパイプはガンダム用のスプリングに真ちゅう線の芯を入れたもの。塗装は飛行帽、手袋など皮革類と顔をラッカーで、飛行服、縛帯などはターナーの水性アクリルガッシュで塗装

▲排気管周辺はこんな感じではないのか、と白黒写真を見て思った感じに仕上げている

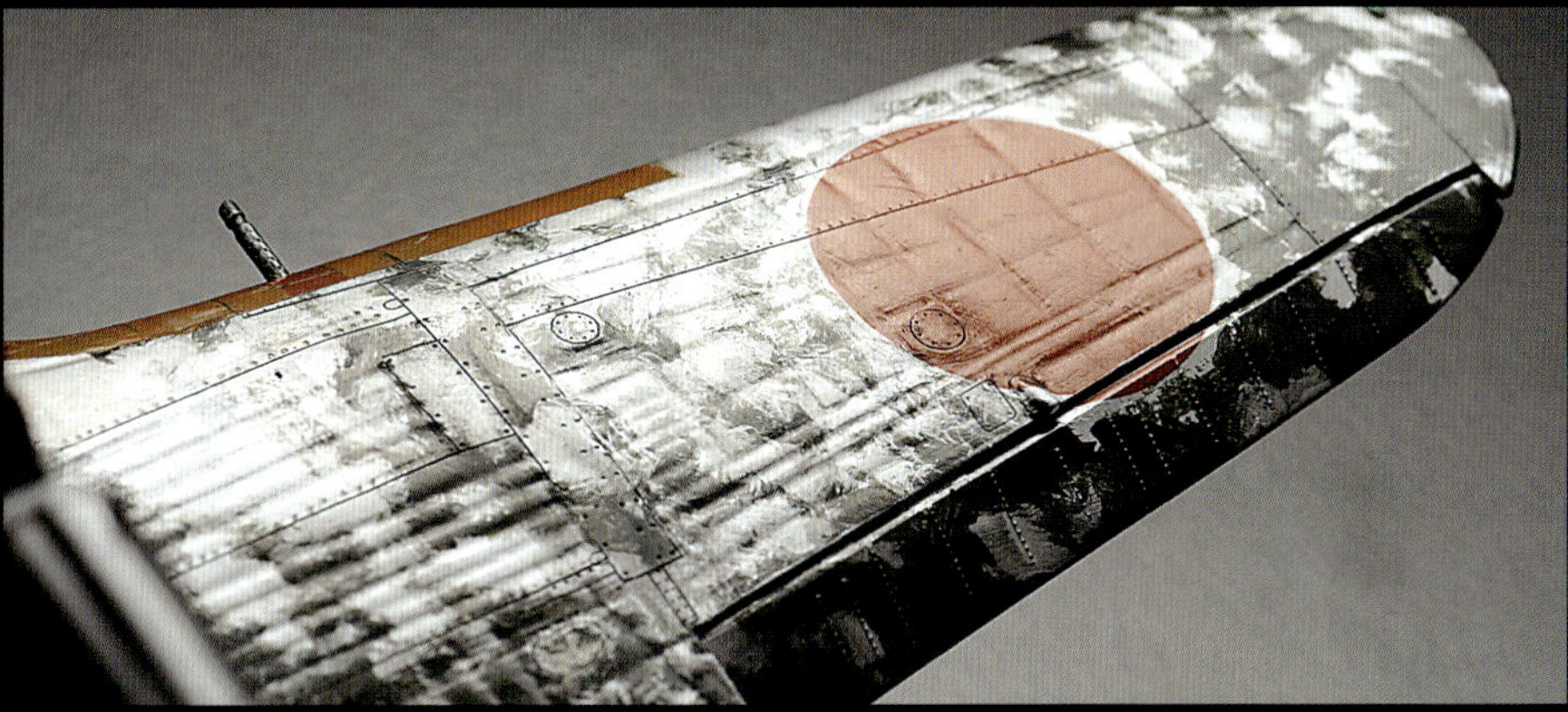

◀▲明野飛行場にいた二単二型甲。銀色の地肌に緑色の迷彩を入れた陸軍の典型的な迷彩パターン。もちろん当初は、迷彩の緑を吹き付けたのだろうが、その後に気流に曝されたりなんだりで、吹き付けで色の周囲に飛んだ塗料の粒子は剥げ落ちてしまい、色の境目は割とはっきりしていることがわかる(写真/菊池俊吉)

中島 キ44 二式単座戦闘機 鍾馗II型丙

ハセガワ 1/32 インジェクションプラスチックキット

Nakajima Ki44-II Hei SHOKI (TOJO) HASEGAWA 1/32 Injection-plastic kit

1 いつものようにラッカー系フラットブラックで下塗り。これは、プラスチック素材の光が透けがちなところをカバーするのと、この上に塗り重ねていく塗装と適当に混じり合って、適当な色むらができる効果を期待して塗っている。先に乗せちゃった操縦者はビニールを被せてカバーしてる。2 次は日の丸デカールを貼る部分だけ銀色に塗っておく。こうしておけば作業中、日の丸に傷がついてしまっても下から銀が見えて、傷がつけばつくほどリアルになるという粗忽な無精モデラー向きの効果が期待できる。3 なにしろ張り切って凸凹にしちゃったので、マークソフターを使わないと日の丸もぴったりとは貼れないね。4 戦地標識の白帯も先に塗っておく。黒の上に白を塗るんだから一回ではムラムラ。でもどうせ修正を重ねつつ何度も塗るのでそのうちけっこうきれいになる。　5 迷彩色は以前、日本海軍の暗緑色に、結構な量の茶色と黄色と白を少々混ぜて作った色の残りに、ラッカー薄め液を垂らして使う。この梅皿は洗わず必要に応じて色を足したりうすめ液で拭ったりしながら使い続けている。塗料も無駄にならず、準備も片付けも簡単だ。6 まず緑の迷彩色から先に塗る。1/32は大きいので太い平筆で思い切って塗っていかないといつまでたっても終わらない。最初はとにかく大きなタッチでだいたいの感じを決めていく。 7 主翼前縁の識別帯も白い戦地標識同様、迷彩をはじめる前に塗る。識別色が本当はどんな色調なんだかよくわからないが、迷彩の緑に映えるよう黄色にかなり赤を混ぜてオレンジ色にしている。これも平筆で一気に塗る。機体下面は銀、最後に識別帯の縁を面相筆で修正する。8 下面は、銀を塗って乾いたらすぐにハセガワ トライツールのケガキ針でパネルラインをなぞる。こうするとスルスルと気持ちよく下地の黒い線が出てくる。9 緑の迷彩の隙間を銀色で埋めていく。これも面積が大きいから太い平筆でどんどん塗っていく。この場合、悩み始めると手が止まって、再開の気力も失せて、永遠にこの状態になっちゃうので気をつけて一気にいきましょう。会社で塗っていたら、遠くから「おっ、かっこいいっすね」と言いながら近寄って来て、近くで見ると無言で去って行く場合が多かった。みんな芸術ってもんがわかっとらんね。10 フラップの内側は、見える所だけ赤く塗っておけばいいっすね。二回くらい塗り重ねると思ったよりきれいでなおかつ深みのある色になるのだ。11 緑の迷彩、二回目は細い筆で細かいタッチを入れて行く。色の境目を、かすらせたり、なぞったり、透けているところに塗り重ねたり、そのまま残したり、銀も緑も下地の黒も全部ラッカー系だから、適当に混じり合っていい感じになる。12 迷彩しながら防眩塗装の黒や、味方識別帯、戦地標識などの縁を気にしていると精神的にすっきりしないので、大雑把ながらマスキングすることにした。これまた剥がす時にけっこう快感なんだよね。貼るのは面倒だけど

銀色の地に緑の迷彩。普通なら機体全体を例えばラッカー系の塗料で銀色に塗って、エナメル系の緑を使ってエアブラシ迷彩するってのが普通だが、考えてみれば、どうせ塗りつぶしてしまうところに銀を塗るのは無駄だし、エアブラシで噴いた緑の薄い塗膜では、下地の銀をなかなか完全に隠蔽しきれない。

そこで、絵を描くように最初から緑の箇所は緑、銀のところは銀、黄色いところは黄色で塗り分けることにした。塗料は全部ラッカー系。まずは太い平筆で大雑把に塗り分け、次第に使う筆を三段階くらいに細くして、細かなタッチを入れるやり方で塗装した。こうした方が銀色の地に緑の迷彩という日本陸軍機の塗装にかなり近い感じが出せる。

塗りを三段階に分けるなんていうと、手間もかかるし難しいと思うかも知れないが、やってみると簡単だし、最初はあまり神経も使わず、泥遊び感覚で、その後、大雑把なものが次第に繊細な仕上がりになってゆくのはとても面白い。まさに「大名造り」である。

13

14

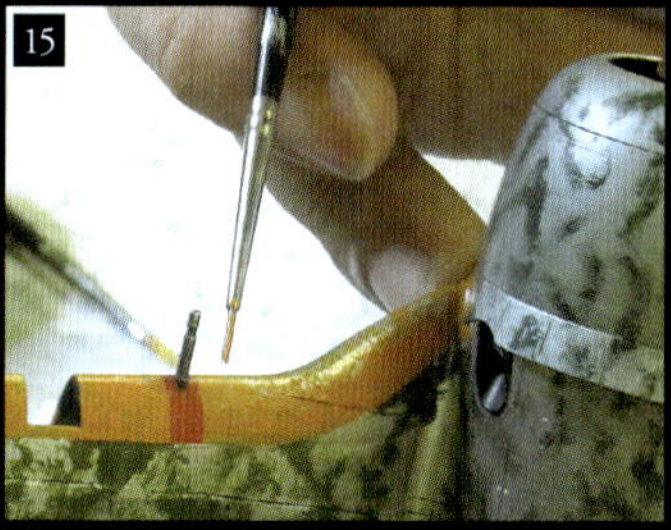

15

16

17

18

19

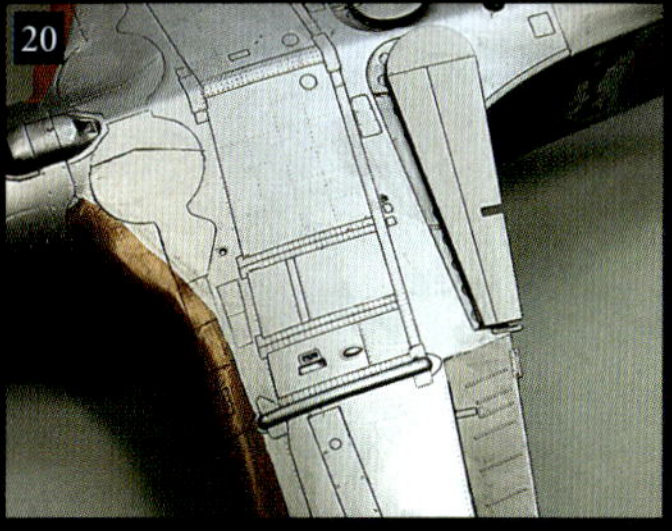

20

⑬まあ、こんな具合にマスキングしてあると迷彩のタッチもスラスラ入れられる。⑭緑の迷彩部分を細筆で書き込んだら、次は銀の部分を細筆で修正。こんな作業を色を変えて交互に何回かやってゆく。⑮主翼前縁、味方識別色に銀ハゲを入れる。これもやっていると面白いので、ついやりすぎちゃう。でも、やりすぎたら写真のようにまた黄色ではげた部分を塗ればいいので気楽に楽しみましょう。⑯プロペラの黄色い安全色も一気にペロッと塗って、乾いたら茶色で縁をきれいに修正する。位置や太さは適当。⑰黒に白や茶色を足したダークグレイの水性アクリルガッシュで強調したい部分のリベットラインや、可動部分、よく取り外しをしたりするんじゃないかと思われる点検ハッチなどにスミ入れを行ない、塗料が完全に乾いてから、アクリル薄め液をしみ込ませた綿棒ではみ出した部分を拭き取っていく。⑱排気の汚れと高熱で変色した表現はアクリルガッシュで描いている。⑲まずはこんな具合。実機写真をよく観察して、迷彩のタッチの大きさ、疎密具合はわざと変えて変化をつけている。⑳裏側はこのくらいやっておけば上等。これでほぼ完成だ

中島　キ44　二式単座戦闘機　鍾馗II型丙

ハセガワ　1/32　インジェクションプラスチックキット

Nakajima Ki44-II Hei SHOKI (TOJO) HASEGAWA 1/32　Injection-plastic kit

ビルマ航空戦を読んでいると
日本の最強戦闘機は
隼だったんじゃないかって
思えてきますね

——宮崎 駿

中島 キ43-II 一式戦闘機 隼 二型[前期型]
中島 キ43-I 一式戦闘機 隼 一型

ファインモールド 1/48　インジェクションプラスチックキット

NAKAJIMA Ki43 II EARLY VERSION OSCAR　Finemolds 1/48 Injection-plastic kit

ニチモ 1/48　インジェクションプラスチックキット

NAKAJIMA Ki43-1 OSCAR NICHIMO 1/48 Injection Plastic kit

大きく異なるシチュエーションの情景作品で
傑作隼キット二品の見せ方をひとひねり

零戦にならぶ日本軍戦闘機の雄、一式戦闘機 隼
まあとにかく有名な飛行機だから、昔も今もいろんな会社からキットが出ている
で、ネタは比較的最近のキットであるファインモールドと往年の大名作ニチモの隼
片方は地上掃射で大暴れの真っ最中、もう片方は地上に佇んでいるイメージで
どっちも大きく印象の違うダイオラマ作品に仕上げてみた
いつの時代に作られたキットでも、まあ隼ってのはかっこいいもんですねぇ

エンジンパーツはモーターとマウントごと、タミヤのプロペラアクション零戦二一型から流用。3mm径のアルミパイプで宙に浮いてる。カウリングの赤い目盛りは機関砲の同調用だ

ハセガワのジープに乗っているのは、英陸軍の運転手、助手席は空軍将校。後席、右は護衛の歩兵。左は黒いベレーの戦車兵。小銃はタミヤのエンフィールドに交換している。隼の黒いアンチグレア塗装の縁にある銀線は、実機写真でよく見かけるマスキングのずれ

フィギュアの不要部分、見えないところは容赦なくノコギリ挽き。無理なく振り返っている姿勢を作るため、腰、背中、首と3カ所切って、少しずつ捻って再接着した

隼で対地攻撃中の黒江大尉を作る

無動力の極楽鳥は、作るのは楽だが、撮影がたいへん。プロペラを回すのにドライヤーで風を送るのだが、風圧が強いと機体が揺れるし、弱いとペラは回らない。今回はタミヤのプロペラアクション零戦二一型のシステムを流用してプロペラ電化に成功。その他、使用したのはハセガワのウィリスジープ、タミヤの英軍歩兵セット、ファインモールドの隼二型前期型初期仕様の操縦席にいるのはタミヤの四式戦に入っているフィギュア。顔が故意か偶然か黒江保彦大尉にそっくりなのである。下半身と右腕はモデルカステンの竹一郎「日本陸海軍パイロットフィギュア」。

隼はキットそのまま、何ひとつ追加工作はしていない。古い製品だが、隼の姿をよく再現している好キットだ。塗装は、いつもの「ムラ出し流」筆塗り。塗ってて「ムラが出れば出るほど嬉しい」という精神修養が必要な技法である。で、コクピットは全然見えないので、例によって黒一色。機首のアンチグレアの黒を除いて全部ラッカー系塗料で仕上げた。ジープも同様。フィギュアは肌と革の装具類をラッカーで、服はターナーのアクリルガッシュで塗装、ツヤの差で質感を表現している。

ベースはタミヤのプロペラアクション用の黒いプラスチックの展示台にスチレンボードを接着、カッターと紙ヤスリで大まかに削った後、表面に水で溶いたボンドを塗り「アーチスタフォルモ」を薄く指で塗りつけ、草地の部分にまた水溶きボンドを塗り、去年の枯れたアスパラガスの葉っぱを撒き、その上からプロペラの風圧を考えて今年のア

スパラガスの葉を風になびいている形に植えていった。今年の葉は「朝採り」だけに青々としているが、生ものだけにいずれかなり黄ばんでくるのは必定。その時はエアブラシで水性アクリルの黄緑色でも吹いてやればいいでしょう。
ジープと英兵に約3日を費やし、電化工作に悩みつつ数時間。隼の組み立てとフィギュアの改造、基本塗装に10時間。仕上げの細部塗装に10時間。ベースの工作に4時間。しめて約一週間で完成。これ、簡単でおもしろいからもう二、三個は作る予定です。

中島 キ43 一式戦闘機 隼 II型［前期型］

ファインモールド 1/48　インジェクションプラスチックキット
NAKAJIMA Ki43 II EARLY VERSION OSCAR　Finemolds 1/48 Injection-plastic kit

今回の中村三郎中尉風フィギュアの頭と上半身はファインモールドの1/48隼二型キット付属の浦野フィギュアから流用。腕は平田原型の1/48ドイツ戦車兵セット。下半身はモデルカステンの竹 一郎原型の日本陸海軍パイロットセットから。整備兵はハセガワの屠龍に付いてる竹 一郎フィギュアにファインモールド九五戦付属フィギュアの頭を接着

隼でやりたいことだけやってみる

ニチモの一式戦一型は歴史的名作である。実機写真としみじみ見比べて、直したいと思ったのはカウリング下部。ボリュームが貧弱な顎のところだけ。下側に1・2㎜プラ板を貼り付けて、ちょっとパテ盛って整形すれば簡単に修正でき、ずいぶんイメージが変わる。

今回、エンジン、プロペラ、主脚等、ハセガワ様の一型から流用しているが、これは以前改造しようと思ってノコギリでばらばらにしてしまったハセガワ様キットが手元にあったので、成仏してもらうためにパーツを流用してみただけ。キットのままでも無問題。パーツの流用は調整工作が必要となるのでしない方が無難。あれこれ工作はフィギュアの製作まで含めて8時間くらいでした。

コクピットもエンジンも塗装せずに一気に組んでしまう。どうせ見えないから、接着しないで済む細かいパーツは全部省略しちゃった。どっちも後から筆を突っ込める範囲だけをGSIクレオス33番フラットブラックで塗装。エンジンを8番シルバーで、環状冷却器はそれに9番ゴールドを少々混ぜた色で筆先が届く範囲のみドライブラシ。フィギュアを載せて、プロペラを装着すれば問題なし。写真には絶対写らないし、実際に現物を至近距離から見たって塗り残し部分はまず見えない。

ちなみにニチモのキットはコクピットもエンジンも、かなり細かくできている。特にエンジンはマウントまでそれらしくできていて、細部の作り込みを楽しむ工作派のモデラーも充分に堪能させてくれる。見えなくなるけど。

塗装は例によって33番フラットブラックで全面を塗装。次にデカールを貼る部分だけ8番のシルバーで塗装。で、デカールは上面色を塗る前に貼っちゃう。機体の上面色は、126番コクピット色(三菱系)で塗装。この色にした根拠は「こんな色で塗りたかった」としか言えないす。64戦隊の隼の超低空攻撃で殺されそうになったアメリカ人は「ラッキーストライクの箱のような緑」だったと本に書いている。塗装前にそんなのを読んだから明るめの色にしたかったてのもある。エンジンカウリングの側面や、胴体後半とか、部分的に少し明るめに塗っている。修理で交換され色調が変わった部分って言う想定。かなり無理があるけど、塗り分けると模型として変化がついておもしろい。下面は128番の灰緑色。これは指定の色。下面はどうせ見えないから無芸、簡略すぐ仕上げです。

ラッカー系の黒を塗った上からラッカー系の明るい機体色を塗れば、当然下地が大泣きして、人生がイヤになるくらい汚くなる。塗り重ね二回目でムラムラとはいえ、なんとか見られるようになり、三回目で君も一人前だ。ニチモのキットは表面が梨地になっとるわけだが、ラッカーを筆で四回も塗ると、梨地は完全に消えてしまい、ムラの中にもテカテカしたなんとも言えないツヤが出て参ります。ムラ出し流、ツヤ出し術ですな。

ラッカーの上にラッカーを塗り重ねるコツは、返し筆をしないこと。ムラになろうが塗り残しがあろうが、筆先で軽くこするようにして、四方八方に方向を定めぬ短いタッチで、どんどん塗っちゃう。使う筆はシリウスのフィルバート、中くらいの平筆だ。乾いたら、二度塗り開始。下地が激しく溶け出しているところや、塗りもらし箇所を重点的にちゃっちゃっといく。三回目も同じ。ラッカーはすぐに乾くから作業はどんどん進むぞよ。日の丸の周囲は下に塗ってある銀が縁にほんの少し残るように塗る。もともと無塗装にマーキング済みだった機体に「部隊で迷彩色を塗ったので、少し塗り残しちゃった」って表現だ。

次いで、中隊長標識の斜め線と戦地標識を、ラッカー系の赤、黄色で塗り、縁をエナメルの白っぽい色(要するに純白ではない、明るいグレイ)で塗る。デカールで貼った日の丸と戦隊マークも、その上から塗っちゃう。

最後にカッターでスジ彫りをなぞって、所によってはトライツールのケガキ棒でなぞる。すると下地の黒が出てきたり、こなかったりして、無作為風のいい感じになる。また8番のシルバーで地道に細かく塗装の剥げを描き込んでおしまい。ニチモのキットはモールドが深いので、スミ入れは必要ないですなァ。

今回もやりたいことだけやって、工作も塗装も面倒だったりイヤなことは全部省略したので、実におもしろい製作でありました。

中島 キ43-1 一式戦闘機 隼
ニチモ 1/48 インジェクションプラスチックキット
NAKAJIMA Ki43-1 OSCAR NICHIMO 1/48 Injection Plastic kit

ハセガワ陸軍戦闘機最後の重鎮を速攻で製作!

この1/48 屠龍、発売されてすぐにガマンできなくて速攻で製作したものだ
キットは給油車や消火器まで付属した意欲的なものだったので
嬉しくなってついつい全部載せの情景にしてしまった
このキットで、ハセガワは陸軍戦闘機を全部キットにしたわけで
まことに天晴れである

草ボーボーのニューギニア
ここまで青々としていたかは知らないが
とにかく安上がりかつ素早く
南国の駐機場の風景を作りだす

川崎 キ45改 二式複座戦闘機 屠龍 甲型

日本の「夜間王子」といえば海軍なら月光、陸軍は屠龍

日本海軍の改造夜戦、後の「月光」が初めて夜間撃墜を果たすのは昭和18年5月20日。一方、陸軍の複戦「屠龍」が初めての夜間撃墜を達成するのは同じく8月17日だった。落としたのはニューギニアにいた飛行第13戦隊、第3中隊の朝日六郎大尉。当時の屠龍は月光とは違って夜間戦闘機ではなかったが、陸軍の技量「甲」の操縦者は夜間飛行／戦闘ができるのが建前であった。で、今回の作例のイメージは昭和18年夏、ニューギニアで警急服務に就く13戦隊第3中隊の屠龍。滑走路から少し離れた分散駐機場に置かれた機体に給油を終えた給油車の上では上半身裸になった整備兵が給油ホースを巻き取ろうとしている。防暑飛行服を着て、操縦席に入っているのは中隊長の朝日六郎大尉かもね、っていう設定。

この二式複戦の発売でハセガワ1／48シリーズで陸軍の戦闘機が全部揃うことになった。1／48の屠龍は、ずっと何十年も前に発売されたニチモの製品しかなかった。同キットは名作と呼ばれつづけて久しいが、ハセガワの新製品とはやはり比べものにならない。

ハセガワの屠龍は組み立て工程もよくできており、特に両脇に出ている桁を主翼に差し込むと上半角が一発で決まる点はすごい。もちろん強度も増す。水平尾翼にも工夫が凝らされていて簡単かつ堅牢に水平に接着することができる構造になっている。またコクピットの床には巨大なダボが設置されていて、そのおかげで分割されている機体下部の位置がぴったりと決まる。このダボはエンジンナセルに

給油作業中の整備兵２名。もはや世界一といってしまってもよい「竹一郎フィギュア」も今回のキットの魅力のひとつである。（写真提供／竹一郎）

そしてフィギュアは世界一

今回の新製品1/48「いすずＴＸ40型給油車」のキットには、なんと二式複戦「屠龍」が付録についている。って、書きたくなるくらい画期的な給油車と消火器のキット化。給油車には陸軍用の星と、海軍用の碇の銘板とデカールが入っているので、屠龍と組み合わせないでおいても、いつか陸海軍のいずれかの情景にも使える。また、台車に載せた消火器も陸海軍共用。どんな飛行機のそばにも置ける便利な小物である。給油車には給油用の黒いビニールパイプがついているが、写真のように中に金属線を通しておけば好きな形にでき、色々な状況を再現できる

給油車、消火器の模型化は世界初！

もあり、主翼への取り付けを楽で正確、堅牢にしている。

エンジン自体は一体成形で、彫刻は精密だが造りはシンプル。だが環状冷却器を接着してしまうと狭いエンジンカウリング開口部とプロペラのすき間からわずかしか見えないので、全く充分な出来である。

主脚の収納庫内もいい感じに再現されている。そんなこんなで、今回の作例でオリジナルではない部分は後部の螺式機銃のみ。これはファインモールドのメタル製のＭＧ15に交換している。キット付属の螺式機銃ＭＧ15の出来も決して悪くはないが、メタル製にはかなわないので、今回は交換してしまった。

追加工作として、お勧めはエンジンナセルの上に突き出す脚位置指示棒。小さなパーツだが赤いのでよいアクセントになる、って、いっておきながら、ゴクラクチョウを作っている間に追加するのを忘れてしまった。アンテナの上にとまっているゴクラクチョウはランナーの十字になった部分から1時間ばかりかけて削りだした。だが、ゴクラクチョウというよりは近所を飛んでいる尾長みたいになっちゃった。

コクピットの操縦者はファインモールドの「隼二型」に入っているフィギュアの上半身と、モデルカステンの「日本陸海軍パイロットフィギュア」の陸軍操縦者の下半身を合体。腕はタミヤのケッテンクラートの付属フィギュアから流用した。落下傘縛帯はパテで自作。

主翼に座っている同乗者はモデルカステンの上半身に、タミヤ ケッテンクラートの下半身と腕を接着。頭はファインモールドの九五戦の整備兵フィギュアからもってきた。

ベースはＧＳＩクレオスから発

川崎 キ45改 二式複座戦闘機 屠龍 甲型

ハセガワ1/48　インジェクションプラスチックキット

Kawasaki Ki45kai Koh TORYU(NICK) HASEGAWA 1/48　Injection-plastic kit

4

3

2

1

無料で簡単、そしてリアル

1 市販のデコパージュの表面を彫刻刀で荒らす。
2 今回の材料。紙粘土フォルモ（焦げ茶色）と庭でとってきたアスパラの茎と、木工ボンド。
3 アスパラの茎を指でしごくと、葉っぱが束になり、たちまち草の株みたいな形になってゆく。
4 ここまで、約2秒。このまま乾かすと葉がちぎれたところからしみ出した汁で根本が固まる。
5 フォルモの上に電動鉛筆削りの削りかすを撒き、鉛筆の先端で穴をあけてボンドを入れる。
6 そこにアスパラの株を入れ、鉛筆で突っつく。
7 操縦者は上半身Ｆ社、下半身はＭ社。同乗者は上半身Ｍ社。下半身と腕はＴ社。頭はＦ社。

7

6

5

売されている塗装済みのデコパージュ台に紙粘土フォルモを盛り、自宅の庭先でむしってきた朝採りのアスパラの葉っぱと鉛筆の削りカスで製作。端の方を少しだけドライブラシしているが（やらない方がよかった）、全体はまったく塗装していない。アスパラの葉っぱは採取から数日経つと乾燥してぱりぱりになってしまうが、黄変はせず緑色のままだ。製作時間は約半日、まことに簡単で速い。

屠龍の塗装は例によっていい加減な「ムラだし流」。今回は全体をＭｒ・カラーの33番で黒く塗った後同じくＭｒ・カラーの１２８番、灰緑色を二回塗装。一回目は下地が泣いてエライことになるが二度目で落ち着く。次に戦地標識の白帯、戦隊マーク、味方識別の黄橙色などをＭｒ・カラーで塗装。日の丸やステンシル類などのデカールも貼ってしまい一晩寝かせる。翌日、ハンブロールのグリーンとタミヤエナメルのオリーブドラブを混ぜた色で迷彩。まず筆でパッパと迷彩すると下地が透けてムラムラ。おおよそ乾いたら、その上から透けている下地の縁を残すようにして、もう一度迷彩する。Ｍｒ・カラーは半ツヤだったが、エナメルは完全ツヤ消しなので具合が悪い。そこで、いつものタミヤのかき混ぜ棒が登場。この金属のヘラのスプーン状になっている側の背で未だ乾ききっていない迷彩部分をグリグリこする。すると塗膜があちこち剥がれるけど、均一になり、かつまたテラテラとツヤが出てきて下地の灰緑色と馴染む。モールドが消えるだの傷つくだの心配な人にはお勧めしません。実際にはたいして被害ないよ。終わったらＭｒ・カラー8番の銀でハゲチョロを書き込み、ターナーのアクリル絵の具でそれらしい色を作

63

今回もタミヤの1/48プロペラアクション零戦21型から動力関係のパーツを流用。白い雲の表現はずいぶん悩んだが、結局、脱脂綿をちぎって作った。下から青い光を透過させようとか色々やったが、やはり綿は綿にしか見えないす

大空で命を落とした勇者には行く場所がある

「高度5千まで上がると、太平洋と日本海がいっぺんに見えるんだ」。筆者の父、そして本土上空で戦った飛行士達が見た景色である。もうあちこちで何度も書いたが、父は陸軍航空隊の操縦者だった。第1練習飛行隊で軍偵の操縦教育中に終戦を迎えたのだが、本土防空戦にもほんの少し顔を出している。飛行訓練中、雲から出るとB-29に遭遇、逃げ帰ったのである。時期や単機で飛んでいたらしいことから見て、B-29の偵察機型、F-13であると思われる。おそらく距離も高度もそうとう離れていたはずだ。それでも黒いシルエットを見て震え上がったという。父の年齢は16歳、乗っていたのは九五式中間練習機であった。

当時、父は操縦特幹として茨城県西部の下館教育隊にいた。ある日、下館飛行場に四式戦の大編隊が飛来。「どんどん降りて来んだけど、へたくそな着陸でなァ。次々に脚を折っちゃって……」自分の腕前は棚に上げて当時を回想している。フィリピンで壊滅的な打撃を受けて内地で戦力回復中だった飛行第51、または52戦隊、あるいは今回作った常陸教導飛行師団の「疾風」だった可能性もある。本土防空戦には父が見たような技倆未熟な若年操縦者も数多く参加した。ロッテ戦法の僚機として長機の機動について行くのが精一杯の彼らはB-29の防御砲火や、掩護のマスタングの好餌となり次々に撃ち落されていった。

映画「チャーリーとチョコレート工場」の原作者、ロアルド・ダールは英空軍でハリケーンに乗っていた。大戦初頭の英空軍はまるで末期の日本陸海軍のように未熟なパイロットを実戦に投入し、ダールの戦友たちは皆たちまち戦死してしまった。彼は「飛行士たちの話」という短編集の中で、空で命を落とした飛行士が機体とともに天の川のように流れる墜落機の群れに合流して永遠に飛び続ける様を描いている。この情景の一部はジブリの宮崎駿監督が映画「紅の豚」の中で映像化しているので、ご覧になった方も多いだろう。

父はよく「戦争中は二十歳まで生きられると思ってなかった」と言っていた。どうせなら空で死にたいと思い、航空隊を志願したのだ。本土防空戦では数多くの飛行士が二十歳の誕生日を迎えることなく大空に消えた。戦いの女神ワルキューレに選ばれ戦死者となった彼らの魂魄は、未だ日本の空を飛翔している。

上は下館飛行場を基地として本土防空戦に参加した飛行第52戦隊の四式戦と、第1中隊長の佐々木広人中尉。佐々木中尉は、20年2月17日、米艦載機との空戦で戦死した（写真提供/伊沢保穂）

隼と四式戦で12機を落としたエース、安田義人准尉によると陸軍の操縦者は空戦時、四式戦でも風防は開けて戦っていたと言います。速度が多少落ちるとかより、見張りが重要だったんすね

1プロペラアクションのモーターを組み込んだ疾風のエンジン。2補助翼の羽布の表現はエッジが立ちすぎているのでパテで埋めた。3被弾の穴を開けるため内側からボークスのプラカンナで肉を薄く削る。4で、表側から尖った棒で突いて穴を開ける。5下塗りは例によってGSIクレオス33番フラットブラック。6濃緑色に白と茶色を混ぜて調整した色を滅多塗り。ラッカー系同士なので下地が泣いてこの有様。だが、もう一回くらい塗ると落ち着くのでご安心を。7裏側はこれで終わり。8完成したフィギュア

今回使用したハセガワ1/48の四式戦キットには、箱絵となっている飛行第22戦隊(中国大陸)の他、上の写真にある常陸教導飛行師団のデカールが入っている(写真提供/伊沢保穂)

ワルキューレはドイツ、プライザー社の1/43〜45フィギュアセットから作った。値段は結構高いが、大きさ、姿勢ともピッタリの女性座像があった。ネット通販で購入することができる。ワルキューレはパテで髪を増やし、コピー用紙で風になびくスカートを作り瞬間接着剤で固めた。彼女の右腕と陸軍操縦者は竹一郎原型のモデルカステン「1/48日本陸海軍パイロット」から製作した。このフィギュアは頭、胴体、両手、両足が別パーツなので、どんなポーズでも自在にかつ容易に作ることができて便利

プラ板で透明の箱まで作った小細工も空しく

右は、ワルキューレと戦死した陸軍操縦者。ワルキューレは翼のついた兜を被った姿で描かれることが多いが、今回は雰囲気を破壊しそうなので省略。両名とも、肌と髪、皮革部分の塗装はGSIクレオスのラッカー系で、服はターナーのアクリルガッシュで塗装している

待ちきれないから速いのよ

例によってローガンは速い。今回の作品も機体2日半、フィギュア1日半、ベースはその合間に作り、計4日。ローガンの乱暴な「ムラ出し流」で自慢できるのはこの速さくらいだが、速いのが目的ではない。とにかく「こんなの作ろう」と閃いちゃうと、速く完成させたくて我慢ならずアワてるのである。

名人は落ち着いて道具も吟味するが、気の短い凡人ローガンはデタラメ。作りたくなった時、手近にあった筆でいきなり塗り始めてしまう。今回はシリウスのフィルバートの平筆を使った。塗り幅が広くなるのでラッカー系の上にラッカー系塗料を塗ることによって生じるムラも大味になってしまったが、作業は速いから楽。一方、機体裏面の銀はGSIクレオス33番フラットブラックの下塗りの上にフィルバートでさっさと塗ると凹部分の黒が残りいい感じ。大雑把なドライブラシをするようなつもりで二回ばかり塗るとそれだけで仕上がってしまう。その他、素早く仕上げる筆塗りの小技はたくさんある。いずれ「ムラ出し流」がもっとメジャーになって(なるのか!?)ページをたくさんもらえるようになったら詳細にご紹介するつもりである。

中島 キ84-I 四式戦闘機 疾風

ハセガワ 1/48 インジェクションプラスチックキット

NAKAJIMA Ki84-I HAYATE(FRANK) HASEGAWA 1/48 Injection-plastic kit

くすんだ銀色を再現するために見つけた、単純な正解

米軍機のようなギラギラしたシルバーとは明らかに違う無塗装の日本軍機
あの独特の色を再現するにはどうしたらいいか
無策でとりあえず作ってみたら思わぬ方法を発見して欣喜雀躍
しかも費用だって全然かからないのでこれまた嬉しい
模型の神は貧乏性にほほえむのである

無塗装の銀色、と一口にいっても
お国柄によって少々差がある
日本軍ならではのちょっとくすんだ銀色を
貧乏性なテクニックで描き出す

中島 キ44-II 二式単座戦闘機 鍾馗 二型丙

ハセガワ 1/48　インジェクションプラスチックキット

ダイオラマはほぼイメージ通りにできた。でも誘導の兵がこんな所にいるのは変。プロパガンダ用の演出ということにしとこう

「日本機の銀」を表現する

「銀色の飛行機」を作る上で、考えたテーマはふたつ。今までと違った「銀塗装を発明」することと、邀撃出動に臨む戦闘機隊の緊迫感の再現である。

日本軍機の銀は、顔が写るほど磨き込まれた米軍の無塗装機の銀色とは明らかに異なる。学研の「歴史群像」太平洋戦史シリーズ52一式戦闘機「隼」に掲載されている胃袋豊彦氏の記事によれば、日本陸海軍のジュラルミンは耐食性合金でコーティングが施されていたという。陸軍審査部の荒蒔少佐はこれを「アルクラッド」と書いているが、実は同種の別物との混同で誤りらしい。さて違う訳はわかった。ではこれをどう表現するかであるな。

何も思いつかぬまま、いつものように機体をGSIクレオスの33番フラットブラックで塗装。次いで8番シルバー。塗ってみるとトライツールのリベットルーラーと、玉刳りで入れたリベットが「うるさい」（もともと超オーバースケールだし）。落ち着かせるためグリグリと金属ヘラでこすった。するとアラ不思議、こすられたとこが金属的底光りしてる。「これはいい」てんであちこちをゾリゾリこする。下地の黒が透けてきたりでいい感じ。こすり過ぎはシルバーを塗って修正。斯くてお金も手間も神経も使わず、たちまちできた。でも手は銀粉で真っ黒。タミヤエナメルで塗っといた防眩塗装の黒いところを触っちゃったら、黒地からリベットが浮き上がってきた。またも「こりゃあいい」から、そのままにした。マーキングはデカールを貼り、その上からエナメルで塗装。乾いてから６００番の耐水サンドペーパーでこすったら、リベットが銀色に浮き

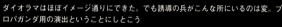

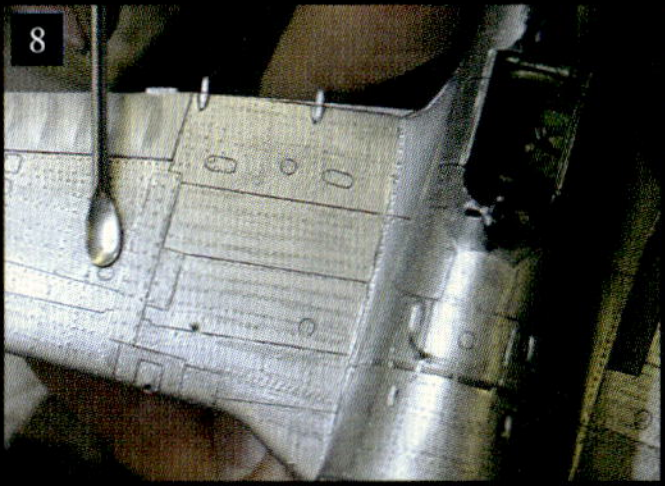

とりあえず、なんでも金属ヘラでこすってみる

1ファインモールドの九五戦付属の浦野雄一郎フィギュアの首を、モデルカステンの日本陸海軍パイロットセットの竹一郎フィギュアの胴体に接着。継ぎ目はタミヤパテで埋めている。2コクピットへの収まり具合を調整。3風防の縁は佐竹さんにもらったアルミテープの細切りを貼り、玉ぐりでリベットを入れた。4油性のオイルステインを擦り込んだ市販の木製のデコパージュ台に置いてレイアウトを決める。その後、石粉粘土「フォルモ」を盛る部分に彫刻刀で傷を入れ、木工ボンドを塗る。焦げ茶色のフォルモを盛ったら、水で溶いた木工ボンドをところどころに塗り、鉄道模型用のシーナリーパウダーを撒く。5庭で枯れていたアスパラの葉っぱを指でしごいて草を作る。6まだ盛ったばかりのベースに鉛筆で穴を開けてボンドを入れ草を植える。7翌日、これをエアブラシで塗装。8まる1日かけて入れたリベットだが、銀を塗ったらデコボコで鬱陶しい。少し大人しくしようと思って金属ヘラでリベットラインをぐりぐり

水平尾翼はご覧のように右がリベット入り、左がなし。どっちがいいかな? 下はファインモールドの九五戦付属フィギュア改造の地上勤務者。旗は紙に瞬間接着剤を染みこませて塗装

フィギュアは原型を作った人に似る。長身でスリム、繊細な男前のフィギュアを作る竹さんは本人もそんな感じ。背は低めだが、がっしりとして精悍な容姿の浦野さんが作るフィギュアも同じ。九五戦付属のフィギュアは重宝なので社長の金さんに別売をお願いしたら「それはできないですね」と、簡単に断られました。残念

上がってきた。排気と燃料、オイル汚れ等はターナーの水性アクリル絵の具で表現。風防の枠はアルミテープの細切りを貼ってからリベットを入れた。なにも考えずに作りはじめても、なんとかなるもんだ。

今回はコクピットが少し見えそうだったので、ファインモールドのメタル製シートを事前に塗装して組み込んだ。操縦者を乗せたら尻の落下傘が邪魔で全然見えない。せっかく普通の飛行機モデラーのように、ていねいにマジメな手順を踏んだのに、損したよね。

中島 キ44 二式単座戦闘機 鍾馗 二型丙
ハセガワ 1/48 インジェクションプラスチックキット
Nakajima Ki44-II Hei SHOKI TOJO HASEGAWA 1/48 Injection-plastic kit

東京の防空照空圏で夜間無差別爆撃中のB29を迎え撃った日本陸軍の「ヴィルテザウ」。

第二次大戦中、ドイツ上空ではドイツの夜間戦闘機隊と英軍爆撃機隊との死闘が長くつづき、双方とも機上レーダーを搭載、互いに相手のレーダーの無力化を図っていた。しかしドイツ語でヴィルテザウ〜野生の猪と呼ばれた戦法にレーダーは無用だった。重武装のドイツ単座戦闘機は照空灯と火災の灯りに照らし出された英軍爆撃機を狙ったのである。日本の野生猪は柏にいた

以前、筆者は厚木基地から帝都防空に飛んでいた海軍302空の中上飛曹にお話を聞いたことがある。夜間空襲を受けた東京は広大な火の海で彼の彗星夜戦の中にまで、市街を焼く煙が入ってきて「これはどういうことね」と涙が出てしかたがなかったという。同じく、燃える東京の炎に映えるB-29を追った吉田好雄大尉（写真上、右の機体も）や、小川誠准尉（写真右）の心中はいかばかりであっただろう。小川准尉は40㎜自動噴進砲などを使いB-29を7機、P-51を2機撃墜。特に2月10日の昼間邀撃では、B-29の爆弾に40ミリ砲弾を命中させた。空中で大爆発を起こしたB-29はもう1機のB-29を巻き添えに墜落。彼は一発で、撃墜2機を公認された。　写真提供／伊沢保穂

B29は燃える市街地に次々と撃ち落とされていった

千葉県柏市、JR常磐線の柏駅は県内でもっとも乗降客が多い。駅前はなんだかもう高校生の大群で埋まってる。千葉の渋谷とかも呼ばれてるらしい。さて最近(連載当時)、都心と筑波研究学園都市を結ぶつくばエクスプレスが開通。柏市にできた新駅「柏の葉キャンパス」や「ららぽーと」の付近が旧柏飛行場なのである。

柏飛行場には帝都の防空を担う、新編成の飛行第18戦隊の三式戦と、古参の飛行第70戦隊の二式単戦が配備されていた。とくに70戦隊は練度も高く、満州での邀撃戦以来、対B-29戦闘の経験も長く、帝都防空の要として有名な244戦隊や、47戦隊が他地域に派遣されている間も首都圏に留まり、空襲に際しては、常に全力で出撃していた。

吉田好雄中尉(当時)は昭和19年7月8日、満州鞍山へのB-29初空襲で出動。B-29に白煙を噴出させ、不確実撃墜1機を報じた(その後、山海関付近に墜落したB-29があった)。70戦隊はその後、内地に帰還、柏に配備された。大尉に進級、昭和20年2月から第3中隊長となった吉田大尉は、まず昭和20年4月13日にB-29の夜間撃墜を報じた。70戦隊の鍾馗もB-29の昼間高々度空襲には、機体の高々度性能の不足から苦しんだが、夜間爆撃のB-29は高度6千から3千メートルで飛来したため二式単戦はその性能を存分に発揮することができた。東京には、250基の照空灯が配備され、立川から千葉にいたる百キロもの長さの照空空域があり、東京湾にも多数の照空船が浮かべられていた。B-29は、単縦陣で次から次へと進入してきた。照空灯の光芒に捉えられたB-29は強い光で何も見えなくなり蛇行をしながら逃れようとする。日本の高射砲と、防空戦闘機は光の中でのたうち回るB-29を次から次へと仕留めていった。とくに戦闘機は反撃や回避ができないB-29の至近距離に迫り、多くの戦果を挙げた。射程が短いため、昼間の空戦では役に立たないと言われていた二式単戦二型乙の40㎜自動噴進砲も、好条件の中で威力を発揮した。戦隊の操縦者達は日中、部屋を暗幕で暗くして眠り、外に出る時は遮光眼鏡を掛け夜間戦闘に備えていた。

4月13日夜、米軍は東京の上空で6機のB-29を失い、帰途、さらに1機が不時着水した。もっとも日本の高射砲と防空戦闘機は、38機を撃墜したと報じている。4月15日夜、川崎から東京南部を襲ったB-29は、目標上空で11機が撃墜された。この時の日本側の戦果発表は一段と誇大で70機撃墜であった。

次いでB-29が東京を襲ったのは5月23日夜間、事故で失われたとする4機を含めて、17機B-29が行方不明となった。日本側の戦果発表は30機撃墜。東京に対する最後の大規模な夜間空襲は5月25日、この夜は26機ものB-29が撃墜された。日本側発表は47機撃墜。

吉田大尉はこれら全ての空戦で撃墜確実4機、不確実2機の撃墜戦果を報じ、同戦隊の小川准尉と共に武功徽章を授けられた。

中島 キ44 二式単座戦闘機 鍾馗 二型丙
ハセガワ1/48　インジェクションプラスチックキット
Nakajima Ki44-II Hei SHOKI TOJO HASEGAWA 1/48 Injection-plastic kit

めんどくさいことはしたくない
そしてエッチングパーツはめんどくさい
それならあえて付けないというのも
大人の選択肢なのではないかな？

あえてパーツを取り付けないってのも逆に贅沢じゃあありませんか

まあ、物事なんでもサービスが向上すると嬉しいのが世の常
なんだけど、模型となるとメーカーのサービスが嬉しいようなそうでもないような
気を利かせて付けてくれたエッチングパーツもレジンパーツも

Fokker D.XXI

フォッケル・ワスピの最高速度は、高度2千mで375km／時、という低速で、高度5千mで418km／時を出したマーキュリーエンジンを搭載したD.XXIに比べ性能は低下していた。この性能で'44年まで第一線で使用され、かなりの撃墜戦果を報告している。誤認報告もあるだろうが、あまりやられてもいないので、互角以上の戦いを演じていたことは確かである

氷上基地のD.XXIは風防が霜で覆われていたので、側面の引き窓を開けて離陸していた。飛行中、霜はだんだん溶けてくるそうだが、零下数十度の寒さで強い気流に曝される寒さは想像を絶するものだったであろう。今回もまたタミヤ1/48プロペラアクション零戦二一型のモーターとスイッチ、配線類と台座を使ってプロペラを回転させている。氷は10㎜のアクリル板

狸御殿でディテールダウンを断行

最近、編集部では腹鼓が流行っている。パソコンの画面に向かって仕事をしている人の背後に立ち、お腹をポンポン。すると振り返った奴が「なんの用だ?」てなもんである。まるで狸御殿だね。ローガンはそんな編集部の一隅で模型を作っている。ゆとりの贅沢なモデリング「大名造り」はいいけど、その大名って、もしかすると狸が化けてんのかも。

今回の作品のテーマは氷上基地から離陸するフィンランド空軍機。機種は以前から作りたいと思っていたフォッケルのワスピ。８２５馬力のツインワスプ・ジュニアＳＢ４Ｃを搭載したフォッカーD-21戦闘機である。オランダで設計された機体も、アメリカで開発されたエンジンもフィンランド国内でライセンス生産したものである。フィンランド風に発音するフォッケルとワスピとなるのだ。

キットはチェコのスペシャルホビーの１／48キット。インジェクションプラスチック製の機体を中心に、レジン製のエンジンや、エッチングパーツの計器盤や操縦席周辺の細部パーツ(完成後はほとんど見えない) などをセットしたマルチマテリアルキットだ。組み立てには手こずるかと思ったが、パーツの合いも割とよく、モールドは繊細。ちょっと注意すれば、すらすらと組める良いキットだ。もっともローガン狸大名は、エッチングパーツを全然使わないディテールダウンを断行しております。

氷上滑走路の作り方、水底までちゃんと作ったけど、完成するとほとんど見えません。痛恨の無駄でした。

1タミヤのプロペラアクション零戦二一型のベースの縁をマスキング。下の電池ボックスとスイッチにはスキーに仕込んだ４㎜径のアルミパイプを通して接続する。 **2**水で溶いた木工ボンドを百円ショップで買った霧吹きでベースに吹き。アスパラガスの葉っぱの枯れたのと、鉄道模型用のバラストを撒く。 **3**撒き終わったら即座にモデルカステンのミリタリーピグメント「プラスターライク」を茶こしで撒いた。筆者はただで試供品をもらったけど、けっこう量が必要なので、自腹で作る人は、他の粉素材を見つけてきて撒いた方が経済的。 **4**ふたたびボンド水溶液を霧吹きで吹く。 **5**このくらい、びしょびしょになるくらい吹くとよい。そして一晩かけて乾燥。 **6**東急ハンズで買って所定の大きさに切ってもらった厚さ10㎜のアクリル板の縁を1500番の耐水研磨紙とコンパウンドで磨いて上に載せ、縁をコニシの水性アクリル系の充填剤「多用途シール」クリヤーで埋める。一晩すると白い部分は透明になる。 **7**透明アクリル板を通して見た水底。なかなかいい感じでしょ。これが見納めなので、読者のみなさんもよく見ておくように。真ん中の穴はアルミパイプを通すためのもの。 **8**ニッペの「雪飾り」 人工雪スプレー(タミヤ３Ｄスプレーのスノーホワイトでも同じと思うが、たまたま近所で売ってなかった)を吹く。これは遠くから吹くと細かい雪になり、近くから吹くと粒が粗くなる。これをわーっと吹いて、乾く前に指でスキーの跡を削る。アルミパイプを通す穴は雪が入り込まないように別のパイプを通しておいた。さて、しばらく乾燥させ、概ね乾いたら、今度は雪の表面全体を指でこする。すると余分な雪が落ちて、氷の表面に雪がこびりついたような感じになる。雪を吹き付けるのと、指でこするのはけっこう緊張するが、失敗したらラッカー薄め液で拭けば全部きれいに落ちるので無問題。それよりアクリル板の厚い側面から見えるかと思って作った水底が完成したら全然見えなくて脱力した。作業は簡単でおもしろかったからいいんだけど

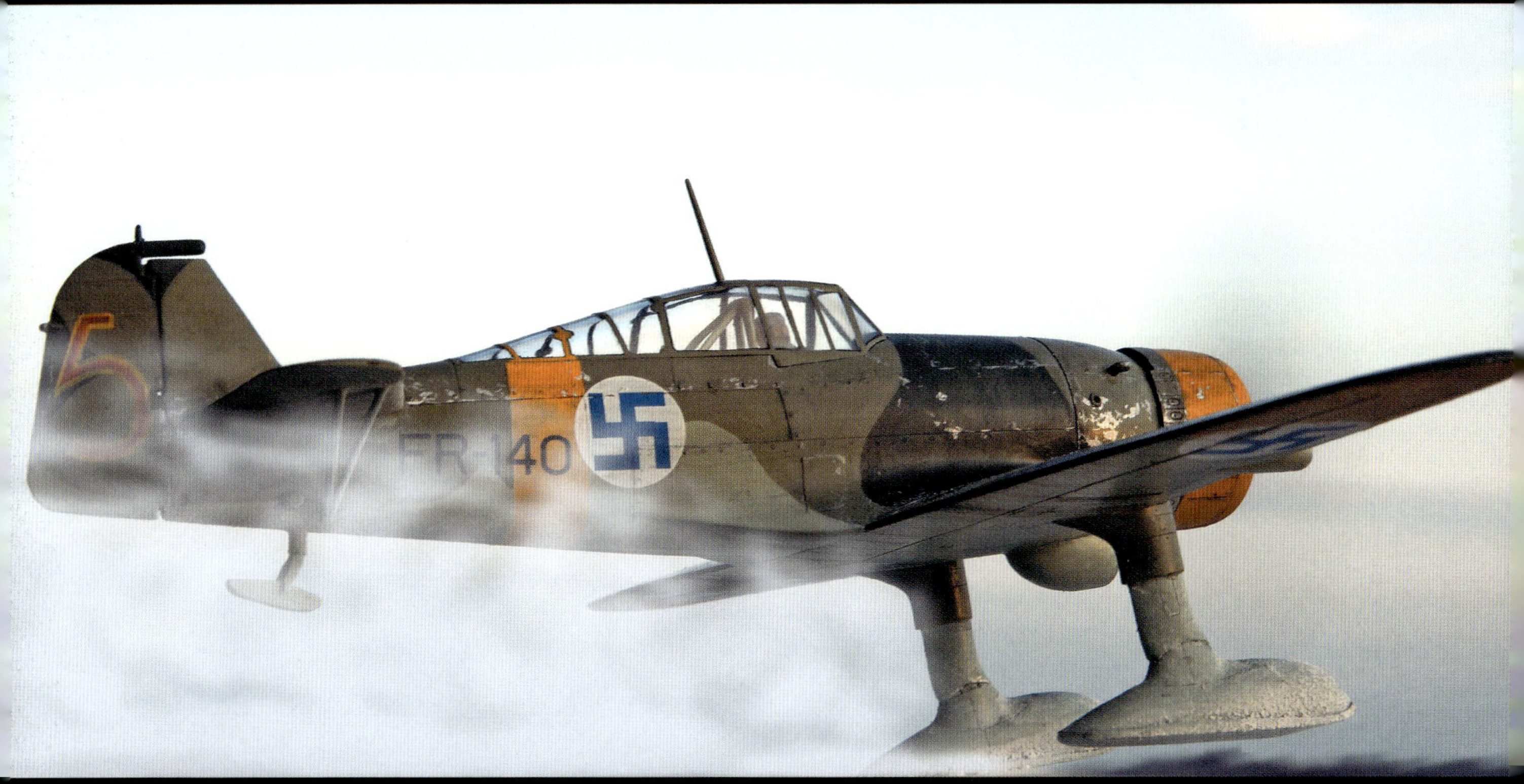

フォッカーD-21 ワスプ・ジュニアエンジン搭載・第4期製造型
スペシャルホビー 1/48 インジェクションプラスチックキット
Fokker D.XXI 4.sarja with Wasp Junior engine Special hobby 1/48 Injection Plastic kit

完全バラバラと顔面移植で
日本陸軍の操縦者をフィンランド空軍に

1モデルカステンの1/48日本陸海軍パイロットセットの陸軍操縦者をバラバラに解体してこのポーズを作り、飛行帽を残して日本人の顔を削り落としてICM英空軍フィギュアセットの整備兵の顔を剥いできて移植している。2機体側面のプラの肉厚分を削り取らないとフィギュアは側面によりかかったようにはならない。3窓枠にぴったりと密着するようにパテが生乾きのうちに押しつけて硬化を待つ。窓枠は接着を防ぐためセロテープでマスキングしておく。

右の写真はフィンランドの首都、ヘルシンキにあるソタムセオ(戦争博物館)に展示されているフィンランド空軍操縦者のマネキン。飛行服は、日本陸軍の装備とはだいぶ違うが、色をこれに合わせて塗っちゃえば、違いはほとんど気にならなくなっちゃう。左に立っているのはソ連空軍将校のマネキンである。

どれほど斜めに傾いても、心はいつも「焼津の半次」

昭和40年頃、テレビで放映してた『素浪人月影兵庫』、うちの父が好きで毎週見てた。兵庫のお供をする渡世人「焼津の半次」は曲がったことが大嫌い。勢い余って通りがかりの店の看板や、幟の竹竿まで傾いていると勝手に直そうとして店主とケンカ。正しい日本人の心の琴線に触れるドラマでした。さて、時は移っても「曲がったことは大嫌い」という日本人の心は変わらず、模型の展示会やコンテストでも、飾り台やダイオラマベースのど真ん中にベースと平行またと直角に飛行機や戦車、軍艦を配置している人が非常に多い。しかし心はともかく、展示は斜めがいい。ちょっと斜めに動かすだけで、作品に動きが出て、周囲に空間が広がった感じになるよ。もちろん、静かで閉塞した雰囲気を狙うなら、配置は「焼津の半次」がいいんだけど。

プロペラ機にはエンジンの回転方向に引っ張られるトルクという力が働く。そこで地上を滑走中、直進するにはトルクと逆の方向のラダーを踏んでいなければならない。で、離陸滑走から浮揚する瞬間、機体はトルクでちょっと傾く。ということで今回は飛行機をベースに斜めに配置、機体も離陸の瞬間を表現するために傾かせた。両方のスキーがべったり氷に接していたら、動きがでないからだ。

今回のもうひとつのテーマは、金属と羽布、木材で作られたD-21の機体各部の質感表現。簡単に言うと金属部分は半ツヤ消し、羽布と木製部分はツヤ消しで塗装しただけですが。

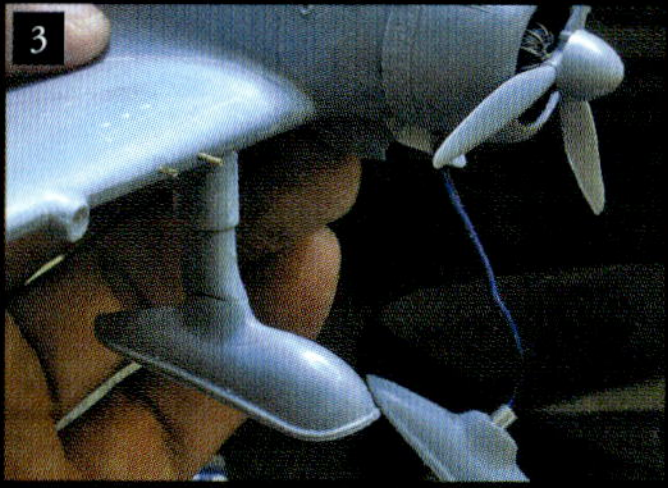

もうこんな適当な作業の写真を見せられるのは飽き飽きでしょうね

1スペシャルホビーはどうしてこんなとこに凝るんだと、面倒で怒りながら作ったが、実は完成してからも内部の構造は風防を通してよく見えるのである。 2毎度おなじみの暴挙。コクピットを組み上げたら塗装せずに胴体を接着。筆が入るところだけをまず黒に塗り、次いで機内色を塗る。 3今回、よく目立つ機銃の銃身だけは真ちゅうパイプに置き換えた。モーターから繋がるリード線が固定脚を通してスキーの下から出ているのに注意。 4まあ、とりあえず真っ黒に塗りました。こうすると光が透過するプラスチックの素材感がなくなるうえ、塗り重ねたとき下地の黒が泣いて塗膜がムラムラになっていい感じた。 5下面色を一回塗った状態。どうなるんすかね、これから。 6もう一回塗ってみると、なんとか見られるようになる。 7機首の黄色。黄色を塗るなら白で下地を作る人が多い。黒の上にいきなり黄色を塗るとこんな感じなんだが、もう一回くらい塗るとよくなるんだよ。これでも。 8なんとも適当なマスキング、直線の部分（の貼りやすいところ）と文字の先端の部分だけでもまっすぐになっていると、あとは少しくらい歪んでても、わりとかっちり見えるもんだ。遠くから見れば。 9最初に赤を塗って、それから縁の黄色を塗っている。いちいち人とやることが逆だねえ

◀右はフィンランド空軍、飛行第24戦隊、第4中隊のテッロネン少尉。冬戦争中の撮影で、乗っているのはマーキュリーエンジン搭載型のD.XXI。独特の風防の開き方に注意。テッロネン少尉は1941年から始まった対ソ連、継続戦争ではエースパイロットになった。左は同じく飛行第24戦隊、第4中隊のヴォリマー少尉、フォッカーD.XXIに乗って1939-40年の冬戦争を戦い、4機を撃墜している。操縦席の後方から突きだしているのは、スキーのストック。雪原に不時着した時に備えて搭載していたと言われている

作例のマーキングは、垂直尾翼に大鎌でイ16を切ろうとしている死に神の骸骨の絵が入っているFR-142のものだ。でもキットに入ってたデカールはFR-140。こんな小さな数字、書き直すなんてとてもできない。だから機体番号は間違ってる。今回は編集部からの要請で無理矢理こんなマーキングの機体を選んだので、こんな中途半端なことになってしまったのである。スペシャルホビーのキットには、きれいなカラー塗装図が何例も載っているので、その通りに作れば、なんの苦労もないす。

フォッカーD-21 ワスプ・ジュニアエンジン搭載・第4期製造型

スペシャルホビー 1/48 インジェクションプラスチックキット

Fokker D.XXI 4.sarja with Wasp Junior engine Special hobby 1/48 Injection Plastic kit

飛行機が好きなのはまあ当然
模型を作るならその愛は惜しみなく注ごう
しかし、機体への重すぎる愛は工作を遅らせるのもまた事実
なので、このシュトルモビクは愛は惜しまず
工作は最低限で仕上げてます

作ろうとするキットを愛するあまり、あれもこれもやろうすると愛も冷めがち

この機体を作りたい。と、思った瞬間、モデラーの胸の鼓動は高まりあれもしたいこれもしたいと夢は膨らむ
でもね、皆さん、歳を考えて、君たちの航続距離そんな長くないよ
なんで、この機体を作りたいのか、そのポイントを考えてそこだけ頑張ってあとは適当にお茶を濁す
これが手をつけたキットを毎回必ず完成させる秘訣
いや、俺は完璧を求める、なんて言ってると結局完成せず

ILYUSHIN IL-2 SHTURMOVIK
TAMIYA

薄幸の女子後部射手への愛惜 これがテーマ、あとはオマケ

いい加減で恐縮だが、20年ほど前、ローガンはスコードロンシグナル社の『シュトルモビク』で、同機の後部射手席は防御が不完全で、よく狙われるため非常に死傷率が高く、後部射手は常に人員不足で、懲罰配置として囚人や、時には女性整備兵が射手を務めさせられ、その前線での平均寿命は三週間余りに過ぎなかった。と、書いてあったのを読んだ気がする。確認しようと思って、その本を探したが見つからなかった。だから、もし記憶が正しかったらこの作品は珍しくノンフィクション、間違ってたらいつも無理矢理模型に女性を乗せたがるローガンの妄想、ということだな。

事実でも妄想でもこんなかわいそうな女性射手が乗ってる飛行機を作りたい、と思ったローガンにとってはどっちでもいいのだが、史実を追究したい読者の皆さんにははっきりしない話で、まことにすまん。

ついでに言うと、機体の迷彩や貼ってあるデカールもスコードロンシグナルに載っていた塗装図の「記憶」にもとづいているので、うっかり真似ないようお気をつけくださいね。

機体下面のスカイブルーは、ローガンがこれも20年ほど前、フィンランドの古い格納庫で見たロシア戦闘機のラダーに塗られていた色の記憶である。でもこちらは写真を撮ってあるので、こんな色だったとほぼ断言できる。真似しても当らずとも遠からずだ。

低空攻撃にびっくりしたドイツ兵を乗せた自走砲マーダーⅢは、小学生の時望月三起也先生の「二世部隊物語」のひとコマに描かれていたその姿を見て以来、いつか作りたいと思っていた車両で、タミヤの1／48キット。フィギュア

マーダーⅢの塗装もまずは缶スプレーで全体をダークイエローに塗り、エアブラシでオリーブグリーンの迷彩を入れた。その上からシュトルモビク同様、筆をつかってターナーの水性アクリルガッシュのライトグレーで冬期迷彩を施した。こうしてみると、エアブラシで迷彩したのは無駄手間だったようにみえるね。排気管はラッカーのつや消し黒で塗った上に、水性アクリルガッシュのオレンジを塗り、エッジなど要所要所をBの鉛筆でこすっている。低空でフライパスするシュトルモビクの猛烈な後流で倒れている植物はアスパラガスの茎、葉っぱを下草に使った残りの廃物利用である。地面はスタイロフォームをノコギリで乱暴に削りザラザラギタギタの表面を水性アクリルで塗装して、スイーツデコの生クリーム用の材料をなすりつけた。これ、雪に見えますかねえ、見えませんかねえ。あーっ、やっぱりダメだ

もタミヤだけど、ものすごく改造してしまったので本人ですら具体的にどのフィギュアセットの兵隊を使ったのかわからない。

ドイツ空軍パイロットはシュトルモビクの強靭性をしきりに強調しているが、ローガンがインタビューしたフィンランド空軍のエース、ヤーッコ・ヒロ中尉は、'44年に協同撃墜ではあるが7・7㎜しか搭載していない古いカーチスA75で同機「イーエル・カッコネン」を二回も撃墜している。「どうやって落としたんですか?」と聞くと、「撃ったら落ちたんだよね」というシンプルなお答えでした。戦争というのは、いろんな意味でよくわからんものだ。だから愛と野次馬根性で作ってるローガン作例の考証も、ほどほどで許してね。

イリューシン IL-2 シュトルモビク

タミヤ 1/48 インジェクションプラスチックキット

ILYUSHIN IL-2 SHTURMOVIK TAMIYA 1/48 Injection-plastic kit

さあ、大きな声で正しく発音しよう

いまさらこの超有名機、シュトルモビクの実機解説をこんな小さなスペースでしても始まらないので、世の中の重大な過ちを告発することにします。この飛行機を作っている会社の名前は「イリユーシン」なんです。「イリューシン」じゃないよ。長年ロシアに住んでいた小社の元モスクワ派遣員、ロシア語翻訳家の小松さんによると「ユ」は大きいままの発音が正しいそうです。ローガンもこれを聞いた時は衝撃でしたねえ。長年慣れ親しんで来たものを変えるのは難しい。とはいえ、真実は真実なので、さあ元気を出して大声で発音してください「イリユーシン」。百回くらい言えば慣れるでしょう。でも他のいまだ啓蒙されぬ飛行機モデラーの前で発音すると、迫害されることでしょうね。真実への道は遠く険しいっす。こんな日本のように、原語の発音をなるべく正しく表音しようと努力している国はわりと少なくて、特に英語圏の連中なんてヤークトティーガーをジャグドタイガーとか言っても平気の平左。まァ、通じればいいんですかな。ちなみにローガンは、「ろーがん」でも「ろうがん」でもどちらでも可

工作時間的にはそれほどでもなかったが、今回、精神的にもっとも力をいれたのはシュトルモビクのパイロットと、後部射手の改造だった。キット付属のパイロットは前屈みになって風防越しに飛び越した地上の目標を見ている風に改造。後部射手はタミヤの1/48GAZジープについていたロシアの女子隊員フィギュアをもとに通り抜けざま、地上目標を掃射しようとしてる風に改造した。タミヤ製のパイロットは顎が細く鼻が大きいので、とても若く、未成年の少年パイロットのように見える。乗員の塗装は顔と革の装備は半ツヤ消しのラッカー、衣服には完全なつや消しになるターナーの水性アクリルガッシュを使っている

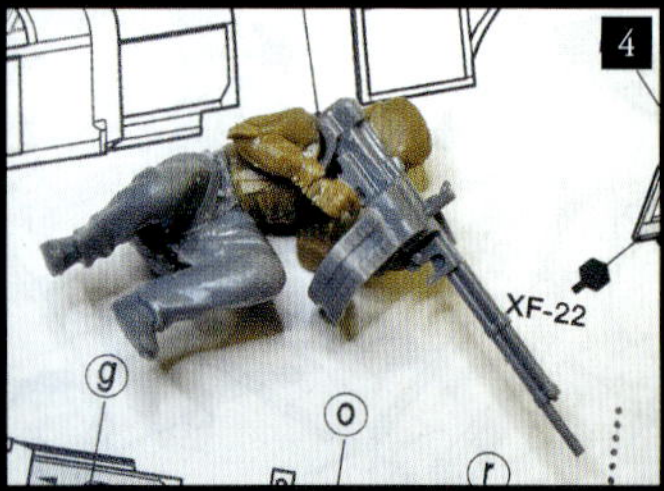

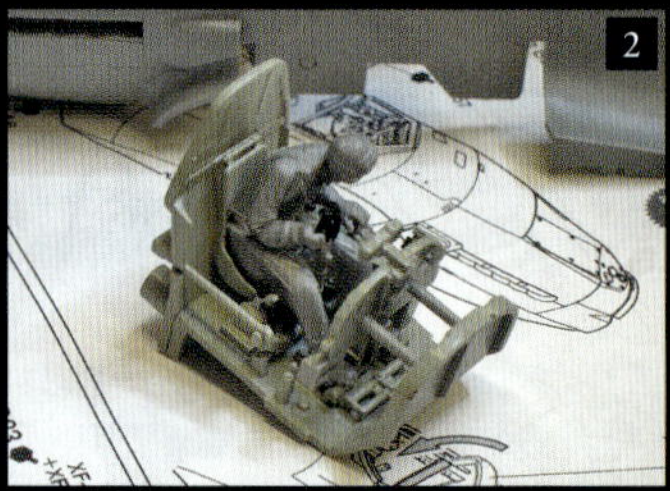

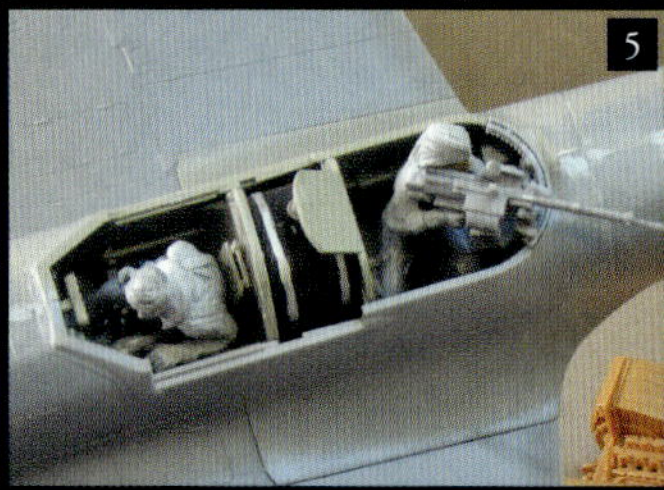

フィギュアができたら、もう7割がたは完成だ

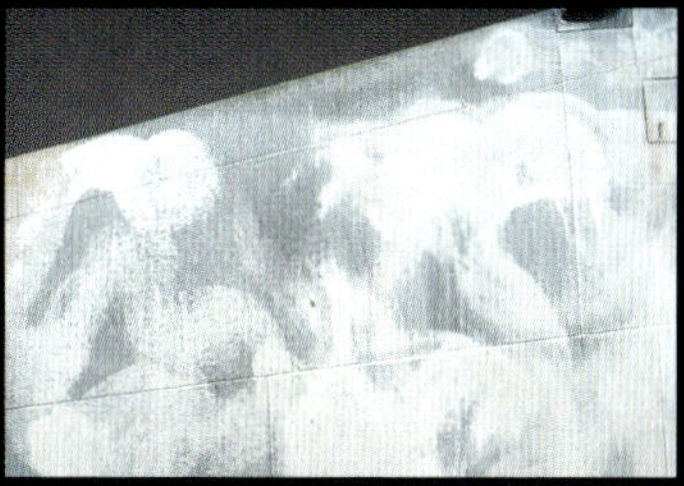

基本塗装はラッカー系の缶スプレーで一発塗り

機体はまず下面をスカイブルーの缶スプレーで一発塗り。上面は面倒くさいのを我慢して二回もマスキングして、タミヤのインストにほぼ忠実に缶スプレーで三色迷彩を施し、デカールを貼った。デカールが完全に乾くのを一晩待って、その上から、クレオスの水性アクリルカラー薄め液で溶いたターナーの水性アクリルガッシュのライトグレーで冬期迷彩を筆で描き込み、半乾きの頃合いをみて、薄め液だけを含ませた筆でぼかした。あとは同じ水性アクリルガッシュで排気管や、排気の汚れなどを入れた。こうすると全体に寝ぼけた感じになるのでアクセントとしてパネルや、動翼の隙間などにスミ入れをして、ごくわずかな銀剥がれを施す。スミ入れも、銀も全体に平均に入れちゃうとダメ。過ぎたるは及ばざるが如し。過剰な愛も、ストーカーと言われちゃうよね

イリューシン IL-2 シュトルモビク

タミヤ 1/48 インジェクションプラスチックキット

ILYUSHIN IL-2 SHTURMOVIK TAMIYA 1/48 Injection-plastic kit

ローガン梅本、対決企画

身の程知らずもいいとこながら、ローガンは『スケールアヴィエーション』誌上で
名だたる飛行機模型の達人たちと対決している。
といっても殴り合うわけじゃなくてお座敷でお相手と一緒に模型を作っては
上手いの上手くないのと言う、といったゆるいものなんだけど、
相手にもローガンにも意地があるのでどっちも真剣。
というわけでここでは特に名勝負と名高かったご存知筆塗りの達人田中克人さんと
世界的イラストレーター兼超絶技巧派モデラー佐竹政夫さんとの激闘を御覧に入れよう

お座敷対決、塗れば極楽たちまち8時間

ニチモ一式戦～緻密さの田中流筆塗り、
ハセガワ五式戦～速さ(だけ)のローガン・ムラだし流、
筆塗り二大お流儀対決

「田中流」はわかるが、どうして「ムラ出し流」が筆塗り二大お流儀なのか？　そもそも勝負になるのか？　疑問の点を残したまま対戦は始まったのであります

五式戦闘機一型甲　ハセガワ 1/48
インジェクションプラスチックキット
Ki100-1 Koh HASEGAWA
1/48 Injection Plastic kit

VS

陸軍一式戦闘機隼一型　ニチモ 1/48
インジェクションプラスチックキット
NAKAJIMA Ki43-1NICHIMO
1/48 Injection Plastic kit

田中克自

1957年生まれ。大阪府在住。学生服縫製業。筆一本で飛行機からミニ四駆まで塗るという独特のスキルを持つモデラー。模型の他にもスポーツサイクル、クワガタ採りなどを楽しむ趣味人である

己に克つ「ムラ出し流」とつられて塗る「田中流」

田中　どうして最初に黒を塗るんですか？

ローガン　プラの素材の透けた感じが残るとイヤですからね。それからどこを何色に塗ろうとか考えるのも面倒なので、とりあえず全面ツヤ消し黒。「最初は黒で、これ以上考えられないくらい汚く塗っておく。そうすると工程が進むに連れ、段々きれいになってゆく(気がする)。絵を描くのと同じ」という、横山先生の偉大なお告げで覚醒しましたね。

田中　完全に組み上がってるんですね。たいていは、塗装の工程を考えてある程度、パーツが分かれている時に塗りますけどね。

ローガン　人並みにコクピットを細かく作り込みたい、エンジンも、とか憧れがあるんです。で、やろうとすると、考えただけで手が止まる。最初の「五式戦作りたい！」って意欲が時間とともに減速しちゃうんで、思い切って全部組んでしまうんです。魔物を封印しちゃうって感じですかねえ。己に克つとか。

田中　脚も黒で塗っちゃうんですか？　陰のところはその黒を活かすんですか？

ローガン　考えてないです。勢いですから。

田中　わしらはね。一カ所一カ所が完成品なんですよ。だから、一カ所きれいに塗れるとそれにつられて他の所もきれいに塗れる。

編集　でも、あの田中さん。その塗料ついたままの筆を直接うすめ液のビンに突っ込んだら、うすめ液がどんどん濁って来ませんか？

田中　あんま気にならへん。そんな、ちょっとくらい混色してもわからへんでェ。

「そのバイザーみたいなのは？」「息子と娘が見かねて買うてくれたんですわ、よう見えますよ。目は大丈夫でっか？」「見えません。でも、俺より目のいい奴には作品を見せないということで」情けない対決です

対決の舞台は編集部のお座敷、従業員休憩室ともモデラーのタコ部屋ともいわれる一室である。静岡ホビーショーの模型クラブ合同展で田中流の流祖、田中克自さんから、他流試合を挑まれ「もちろん、逃げも隠れもしませんよ」と大見得を切ったローガンであったが、「ムラ出し流なんて所詮イロモノですからね、スナックででも作ってりゃいいんです」と、対

田中流は予め「隼」用に調合して、箱の裏に盛り上げておいたラッカー塗料を筆先のうすめ液シンナーで溶かす

1 スタートからして全然違う

ムラ出し流は筆をいきなりビンに突っ込む。塗料が濃かったら直接うすめ液を注ぎ込む

2 どうしてこんなに違うのか!?

田中流は筆先に着けた塗料を縦横斜めの小さなタッチで塗り重ねてゆく。大変そうだが、意外に速く仕上がってゆく

エナメルで陸軍機色を塗る。いくらなんでもムラが激し過ぎて心配になってきた

8番シルバーをビン生で、クルクルーっと塗る。こうやって全面を塗りつぶす

つや消し黒33番をベロベローっと一気に塗る。この時点では何も考えてない

デバイダーで日の丸をケガく。デカールを貼って、それをガイドにケガく時もある。

3 ふたりともマーキングは独特？

マーキングと基本塗装が同時に進行してゆき、次第に色が濃くなってゆき、輪郭も修正が進み、少しずつ明確になってゆく。基本塗装が済むと撃墜マークや戦地標識に戦隊マークも一気に完成。もやもやっと始まって、最後にピントがかちっと合う

塗り忘れた味方識別帯を塗るためまず白で下地を作る。最初は例によって少しずつ

何度も塗り重ね、かっちりとした白帯ができてくる。少しずつなので段差はない

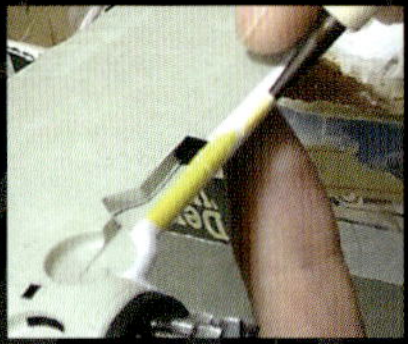

黄色を塗る。機体も白帯も黄色もすべてラッカー系だが少しずつなので剥げない

田中流はマーキングと基本塗装を同時に塗り始める。編集「田中さんは白を塗るときに少しグレイにしたりするんですか?」田中「いや、しないです。でもうすめ液が濁ってるから、少しグレイになってるでしょうね」

銀の上にいきなりエナメル黄橙色を塗ると、やっぱり少し透けるが、乾けば平気

デカールを貼ったら、しばらく待ってエナメルの赤を塗る。縁は適当に塗り残す

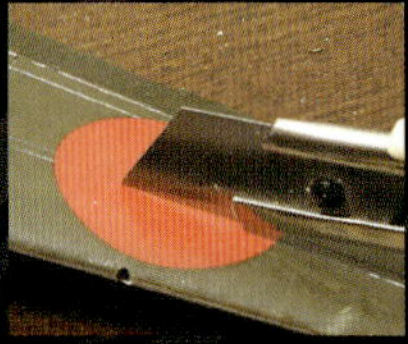

少し乾いたらカッターでスジ彫りを入れる。欠けたり剥がれたりする場合もある

ローガン　そうそう、うすめ液なんて濁ってた方がいい色だせるの。このガイアノーツの筆洗に入ってるシンナーで塗料を薄めてそのまま塗ってるもん。白でも。フィギュアの肌色はちょっとグレイがかってリアルになるよ。

田中　その筆洗いのうすめ液。どれぐらい汚れてるか、外からみてもわからんくらいやね。

ローガン　老舗のウナギ屋のタレみたいなもんすかねェ。最初に入れたラッカーうすめ液に、注ぎ足し注ぎ足しして使ってるからね。

田中　今まで載ってたのはみなその塗り方？

ローガン　そうそう。毎回、ほぼ同じだな。

編集　誌面で見ると、意外にきれいに見えるんですが、日々、会社で実物を見せられる我々はショックが大きいんですよ。田中さんは塗装作業中にエプロンとかはしないんですか？

田中　しませんね。塗る分が少しずつやから、そんなにうすめ液も飛ばんし。臭いも少ない。

編集　銀も塗れてきましたね。下地に黒を塗っているんで、銀はけっこういい感じですね。

田中　エアブラシで塗装をする人も、銀吹く前には下地として黒をよく塗ってはるね。

ローガン　GSIクレオスのシルバー、8番なんすけどね。銀終わり。ここまで35分12秒。

田中　ほうですねえ。ほら、こっちも塗れた。

編集　主翼半分の仕上げにほぼ30分ですね。

ローガン　黄橙色を銀の上に塗ると黄色味が強く見えるんだよな。ちょっと赤を多めに入れるとちょうどよくなる(といいながら、ハンブロールのマットイエロー154番に、タミヤエナメルのフラットレッドを混ぜる)。

田中　えーっ、それ直接塗るんですか？　白で下地作らずに？　エライことしはりますな。

ローガン　ハンブロールは塗料の粒子が細かくて隠蔽力が強いから平気でしょ。きっと。

編集　とにかく筆塗りは筆塗りでも、やることは全然違いますね。両極端じゃないですか。

ローガン　でも、田中さんの記事に刺激されて筆塗りはじめたんだけど。ムラを小さくするのに「田中流筆塗り」の写真を真似して、細かいタッチ(当社比)で輪を描くようにグルグル塗ったりして。でも、実際にやっているのを見たら、やり方が全然違うじゃん。

田中　そのエナメルはフラットなんですね。

ローガン　そうです。深い理由はないけど、

4 スミ入れも使う筆が違う

田中流は半ツヤに調整したタミヤエナメルの黒をていねいに面相筆でスジ彫りに入れてうすめ液を含ませたティッシュでふき取る。ムラだし流は機首回りのみに、適当な筆を使って、水性アクリルのダークブラウンをダーッと塗り、水を含ませた筆やら指、ティッシュで素早くふき取る

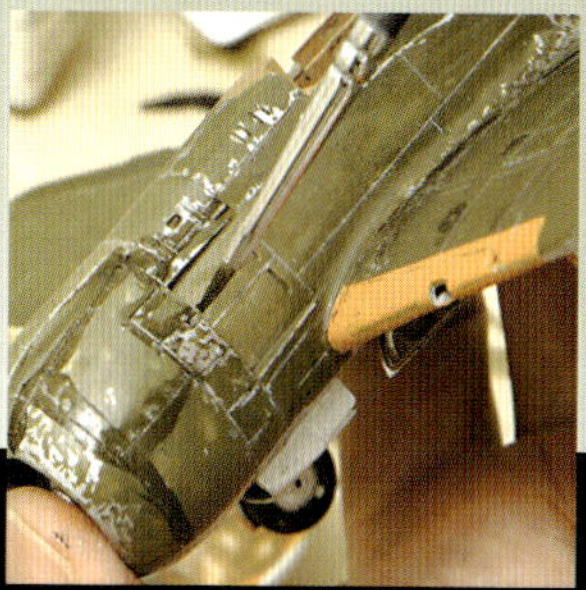

5 説明されてもどうせ描けません

編集「鉛筆かなんかで下書きするんですか」田中「いや、しない」。編集「白でまず書いたのもすごいけど、黄色でまたその上からはみ出さんように書けるのもすごい」田中「黄色は、はみ出しても見えない。地が緑で濃いでしょ。最初の白は何度も塗り重ねないと書けないけど、白の上に乗せる黄色はすぐに発色するよ」

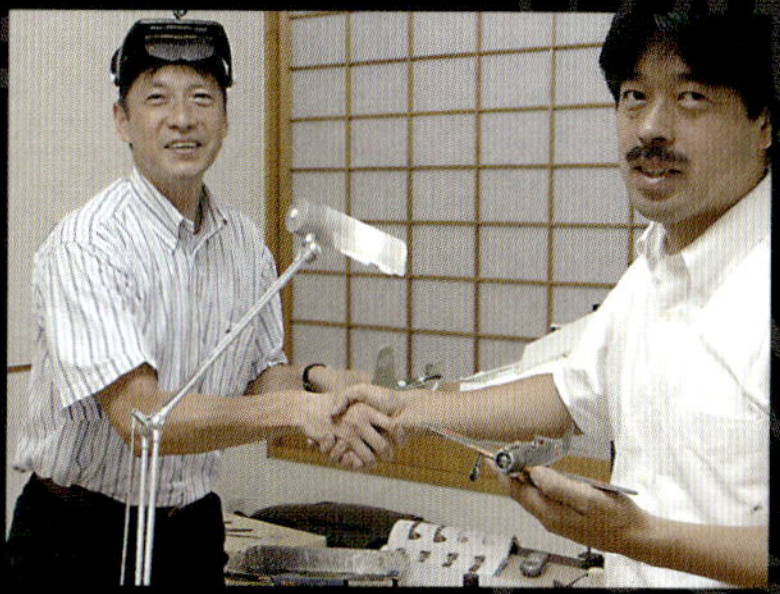

さすがに8時間では完成できず、敵前逃亡に失敗したローガン。前途を思って顔が引きつっとりますね。余裕の田中流祖はこの後、ホテルの部屋でも製作を継続。もはや勝敗は語るまい

金属の塗料かき混ぜ棒でエナメル塗料を剥がす。おもしろいように剥がれるので、やり過ぎる場合が多い。我慢が大人の美徳だ。子供は我慢できん

ニチモの「隼」のエンジンはもともとかなりよくできている。そこに追加工作、環状オイルクーラーは裏から削ったので間が透けている

6

乾くと、ハンブロールの方が粘る感じで、タミヤはパリパリっとした感じで剥がれますね。タミヤのエナメルを剥がす時に下地も剥げるってことはないですか？

田中　乾いてから、ちょっとは剥がれます。

ローガン　なにしろ金属のかき混ぜ棒でゴリゴリやるから、ちょっとは剥がれます。剥がれて、銀の下から黒が少し出てきたりするのが、またいい感じなんですね。まだ完全に乾いてないけど、マスキング剥がしちゃおうかな。これが楽しみで。

田中　乾くまで触ったらアカンよ。ドライヤーを持って来なはれ。指紋付きますよ。

ローガン　エナメルだから完全に乾くには二、三日かかるし、なんとなく作業中に手で触っちゃって、塗料がこすれたり、剥げるのが、思いがけずリアルだったり、やろうと思ってできることではないんです。ハプニングアートとでもいいましょうか。マスキングを剥がした後、縁に返りが出てるでしょ。これをガイドにして塗ると真っ直ぐに塗りやすい。

田中　えっ、それ直さんのかいな。

編集　田中さんは、こういう部分もマスキングせずに筆で真っ直ぐに描くんですよね。

田中　マスキングすると、段がつくからね。

編集　田中さんは面相筆で縦横斜め塗りしてますが、筆塗りっていうと普通は、タッチが残りにくい平筆で縦縦横横で返し筆しないように塗ろうっていわれてるじゃないですか？

田中　色々試してきたけど、本当にタッチを消そうと思ったらね、中くらい太さの筆を使った縦横斜め塗りが一番いいよ。そら見事にムラもなんにもなくなるわ。昔、スパッドの1／28を中ぐらいの筆でそうやって塗ってみたんやけど、味ないで。細い筆を使って、わざと少しタッチを残して塗ってるんですよ。

ローガン　そうそう。きれい過ぎると味がね。

田中　でもこれは、少し汚な過ぎると違いますか？　きれいになってゆくんでしょうか？

ローガン　うーん。ならんと思う。

お座敷対決
極楽鳥晴嵐と空冷彗星

毎回、腕自慢のモデラーや著名人を編集部特設のお座敷に呼んで、ローガン梅本が模型対決を挑むこの企画。

今回は強敵中の強敵。

モデラーなら知らぬ者とてないイラストレーターにして、とんでもない物をさらさらと作っちゃうベテランモデラーでもある佐竹政夫さんである

パナマ運河攻撃機 晴嵐の製作を命じられた愛知は当初、彗星をもとに「ちょいちょいと改造すればいいや」と思っていたらしい。ところがいじっているうちに全然別の飛行機ができちゃって……。一方、今回佐竹さんが作った彗星四三型（ファインモールド1/48）は愛知の液冷エンジン、アツタを止めて、空冷の金星を積んだ機体、なんだか変な縁のある機体同士だ

愛知 M6A1 晴嵐　タミヤ 1/48
インジェクションプラスチックキット
AICH M6A1 SEIRAN TAMIYA 1/48
Injection Plastic kit

VS

空技廠 D4Y4 彗星四三型　ファインモールド 1/48
インジェクションプラスチックキット
KUGISHO D4Y4 JUDY Finemolds 1/48
Injection-plastic kit

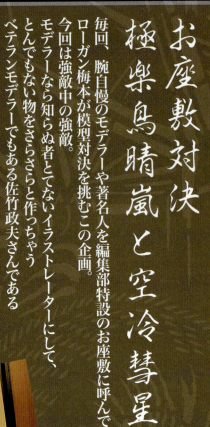

【佐竹政夫】

空冷彗星、日本機なのにバタ臭い?

空技廠 D4Y4 彗星 四三型

ファインモールド 1/48 インジェクションプラスチックキット

KUGISHO D4Y4 (JUDY) Finemolds 1/48 Injection-Plastic kit

【ローガン梅本】

実戦仕様の晴嵐は真性の極楽鳥だ

愛知 M6A1 晴嵐

タミヤ 1/48 インジェクションプラスチックキット

AICH M6A1 SEIRAN TAMIYA 1/48 Injection-Plastic kit

佐竹政夫

1949年生まれ。多数のキットの箱絵や『世界の傑作機』に代表される書籍の表紙などで大活躍中のイラストレーター。モデラーとしても非常にハイレベルで、スクラッチビルドの達人なのだ

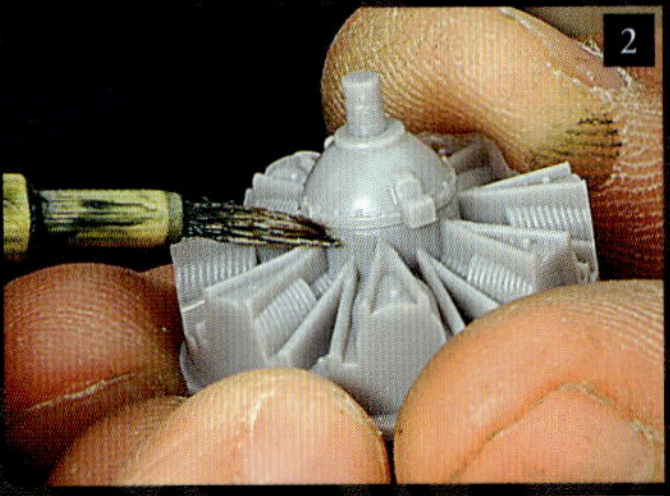

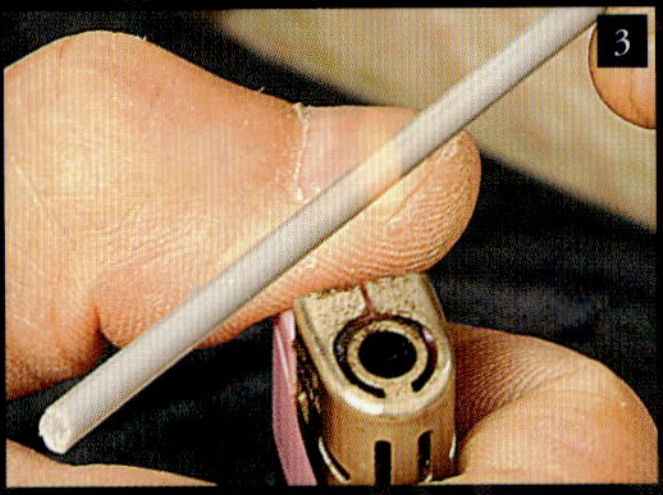

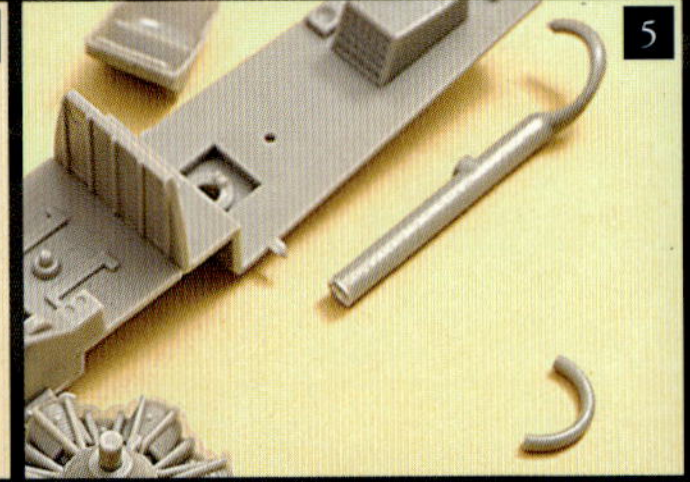

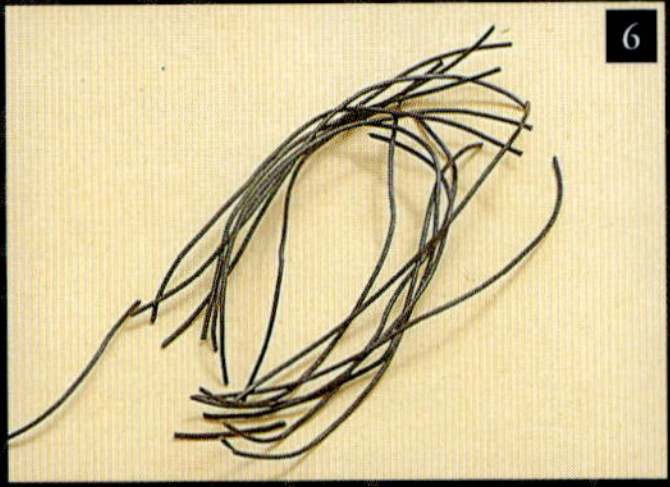

なんだかんだ言っても、数十年来のモデラーである佐竹さんはたちまちエンジンにプラグコードを張っちゃった。こんなに手際がいいんだったら、これ作ってもさほど製作の妨げにはならないかも。でも凡人は真似するなかれ

ローガン:老眼になったら、それにあった作り方に変えていきたいですよね「細かいところはやらない」とか。佐竹:でき上がったときに、どうせ自分で見えないんですから。人のために作ってもしょうがないですよねえ

そろそろ見直してみたい、飛行機モデラーの常習癖。其の一、エンジン

1 2プラの接着にはずっとこのアクリサンデーを使ってる。3ランナーをライターであぶって、4筆に巻き付けて丸めると、ほら5のとおり。6エナメル線を切り、ピンバイスで穴を開けて差し7、8瞬間接着剤で止めるローガン:こんなところを作っても見えないすよね。佐竹:確かに、でき上がったら、ほとんど見えない。ローガン:精神衛生上よくないっすよ。自分の努力が無になっていくというのは。佐竹:昔からやっていたクセで、どうしても工作したくなるんですよね。ローガン:プラグコードを作ってる間にもう1機別のができる。佐竹:わはははははは

見えなくなっちゃうことはわかってるんですけど、つい習慣で作っちゃうんですよね(佐竹)

フロート付きのモッサイ晴嵐から、必殺の極楽鳥に改造するために主翼下面のフロート取り付け穴をエポキシパテで埋めた。偵察員は狭い所にぎゅう詰めになってる感じを出すために、腕や肩の一部をパテで作って、くっついてしまうのを防ぐため内側にセロテープを貼った機体に入れ一晩放置

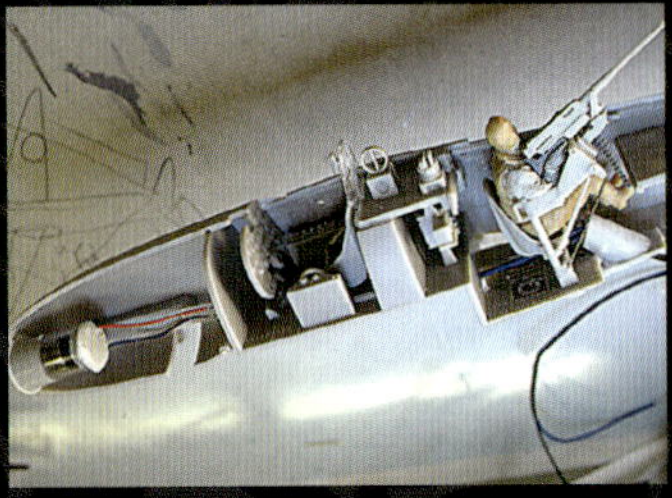

モデルカステン 1/48 台南空パイロットセットの座像から作った偵察員。後部13㎜機銃は格納状態から射撃態勢に改造している。機首にはタミヤ プロペラアクション零戦二一型から流用したモーターをセット

モデルカステンの1/48 台南空パイロットセットの座像に日本陸海軍パイロットセットの頭部を接着して改造中の操縦員。両フィギュアとも原型は竹 一郎。元がいいから改造も楽

13㎜機銃には他のエッチングパーツから流用した照門を接着。機銃の給弾ベルトは、タミヤの1/35ドイツ軍フィギュアに付いてた7.92㎜機銃用のを使っている。塗装は黒塗りしてB4の鉛筆でこすっている

今回も、もちろんコクピットは組み上げてから筆を突っ込んで塗装。黒塗りにしたらフィギュアを入れてみて見える範囲を確認。見えるところにだけ機内色を塗り、機器を塗り分け、銀でていねいにタッチを入れる

モーターを仕込んで、フィギュアを改造して、普通の人がしないことで手間取る(ローガン)

ローガン:1機だいたいどのくらいで作ります? 佐竹:普通に趣味として組み立て説明書の通りに作るとしたら、3～4日ですね。ただ普通に作るって事はあまりないですよね。たいがい何か変なことをしていますから。ローガン:「変なこと」って、例えば? 佐竹:キットから、別の飛行機を作るとか。ローガン:そんな佐竹さんにしかできない曲芸みたいなことは聞いてもあんまり参考にならないな。佐竹:でも、たまに説明書通りに作るとおもしろいですね。ローガン:だはははははっ

佐竹:昔、飛行機模型の中にハイヒールを置くのが流行った時期がありましてね。佐竹夫人:そのハイヒール、私に作らせたでしょ。それも'50年タイプの今と全然形が違う物を10個くらいスカルピーで。見えるところに置いてくれると思ったから作ったのに完成したら見えなくなっちゃって。せっかく踵のラインをしっかり作ったのに。佐竹:いや、見える予定だったんだよ。ローガン:その模型が壊れて捨てようかと思ったらポロッと出てきたりして。胎内仏みたいに

ローガン:ところで、日本海軍機の下面色って、どの色なんすかねえ。編集F:たしか124番でしたかね。ローガン:Mr.カラーの番号を聞いているんじゃないんだよな。編集F:はぁ? ローガン:番号なんざオレだって読める。佐竹さんが絵を描くとき、どういう色を塗っているかということを聞いてるの。佐竹:下面色ですか。割と白っぽいような色と考えちゃうんですよね。ローガン:うーん。聞いといてなんだけど、今回はスィートの1/144用の灰緑色で塗っちゃおうかな。編集F:でも、イラストレーターさんに聞きながら塗れるなんて最高じゃないですか。ローガン:「あなただったら何塗ります」みたいな。まさに生きている資料だ。資料というか先生というか。でも、佐竹さんも自分で描いた箱絵を参考にして塗るんですね。しかも相当に褪色してますね。佐竹:お互いに箱絵しか見ていない。だはははははっ。

上の写真に写っているのが、今回佐竹さんが持ってきた一式。たいがいの道具や塗料は見ればわかるだろうから解説は省略。一部、妙な暗号のような文字が書いてあるものの正体はおいおい解説します

これだけあれば、お座敷でも勝てる

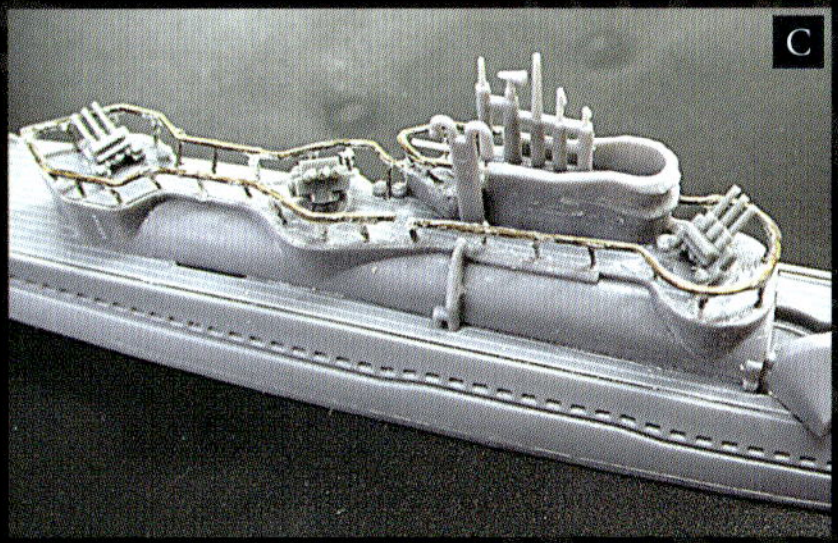

こんないい写真が出てくると やっぱり作りこみたくなるかも

コクピットやエンジンなど完成後、見えにくくなるところの製作を忌み嫌うローガンでも左のような資料写真を見せられると計器盤をちょっと作り込みたくなってしまう

A前席写真。前席中央に装備される三式一号射爆照準器。スミソニアンには同型の射爆照準器を装備した流星、銀河が残っているが、晴嵐の照準器は失われていたため、修復の際、同博物館のコレクションから同型の射爆照準器が探し出され装備された。スミソニアンの晴嵐は最終生産の28号機と考えられるが、生産当初はスコープタイプの一式一号射爆照準器(タミヤのキットにも入っている)が装備されていた痕跡が残っている

B後席写真。後席前方上部に装備される、左から航空羅針儀一型改一、および三式射爆管制器。両装備品とも失われていたため、こちらもスミソニアンのコレクションから晴嵐のものと同型の機器が選ばれ装着された。三式射爆管制器は前席に装備される三式一号射爆照準器と細いワイヤーでつながっており、急降下爆撃等の際には前後席の機器を連動させて使用するようになっていた(写真提供／長島宏行)

Cアオシマの1/700 伊-400。0.4㎜金属線で手すりを作ったが、完全なオーバースケールで、瞬間接着剤もはみ出して大変

Dタミヤの透明海面板に木工ボンドで青い塩ビ板を接着。ボンドは透けて見えることを予め考えて塗りつけている。この上に水性の透明シリコン、ボンドの「多用途シール」で波を作る

Eチューブからスジスジにしぼり出すと白いが、乾くと透明になる。水性なので水をつけた筆で形を整える。固まり始めるまでの作業可能時間は10～20分程度だ。完全に乾いたら、この透明シリコンに、水性カラーの白を混ぜて波頭を描けば完成

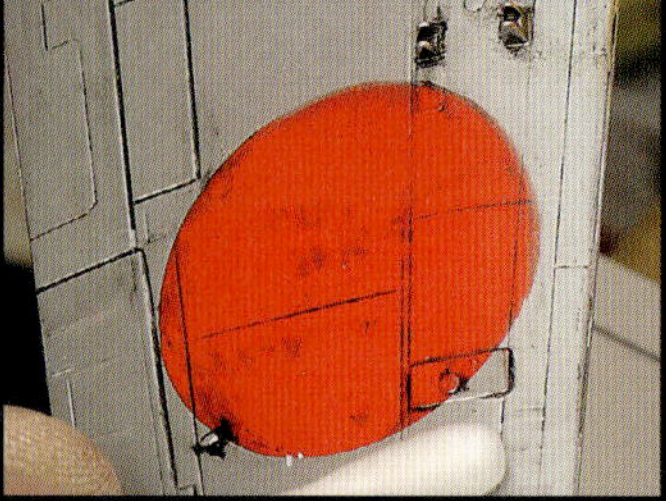

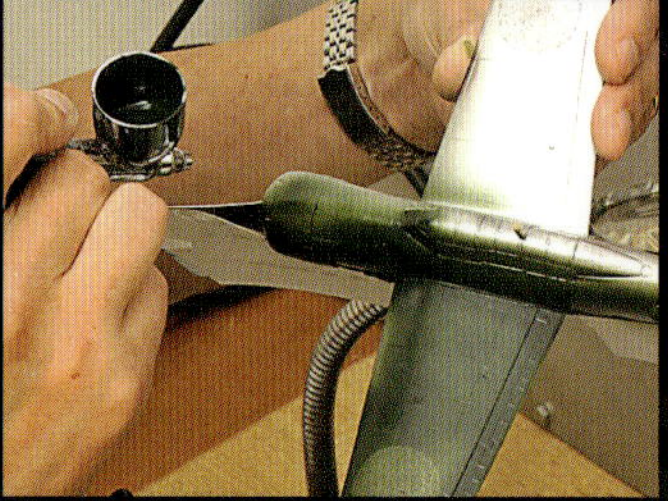

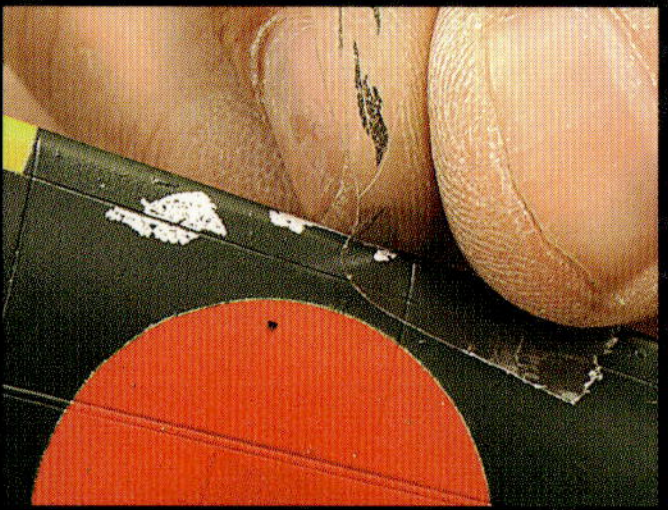

佐竹家に伝わる
つや消しとスミ入れ拭き

佐竹：エナメル塗料でスミ入れして、エナメルの溶剤をつけた綿棒で擦るとほとんど全部取れちゃう。でもベンジンでそれを擦るとうまくモールドの中にスミが残る。だからベンジンは必需品。白い粉はツヤ消し塗料を作るときに使う炭酸マグネシウム。体操用の滑り止めですけど、えらく安く売ってて、高校生の時に買った分がまだ残ってる

佐竹さんがバターを塗って再現してるけど、
なんで日本機の機体後部はみんなはげチョロ？

佐竹：末期の日本機の塗装って、本当に剥がれやすかったそうです。日の丸だけは剥げないですけど。紫電とか紫電改とかの整備をやっていたカミさんのお父さんの話だとエンジンテストのときに垂直尾翼の前にまたがるそうなんです。尾部に重しがないと尾翼が跳ね上がっちゃうから。最初はロープに砂袋をつけてやっていたそうですけど、だんだん面倒くさくなって、若いのを後ろに乗せてそれでテストをしていたとか。主翼の前縁とかは風圧で剥げやすいですよね。あとプロペラも剥げていることがおおい。銀で下地を作った後、上面色を塗る前に指で薄くバターをひいて、一度セロテープを貼り付けて剥がすと塗装が本物っぽい剥がれ方になります。工業で使う石油系のものだと塗料を浮かしてしまう感じになるので、有機系のバターを使ってます。ローガン：写真の紙焼きを切ったマスキングの波形は図面に合わせて切ってるんですか？ 佐竹：いえ。大体こんな感じ、でやってます

編集F：シートベルトはこの鉛で？ 佐竹：釣り用の鉛です。軟らかいしある程度の厚みがあって、結構シワがよってくれるので布の感じが出やすい。ローガン：飛行機の部品は定規をあてて作ったようなカッチリしたものばかりなので軟らかいものがあると目立ちますよね

シートベルトは、飛行機の工作で他の部分にはない有機的な形の工作ができるから面白い（佐竹）

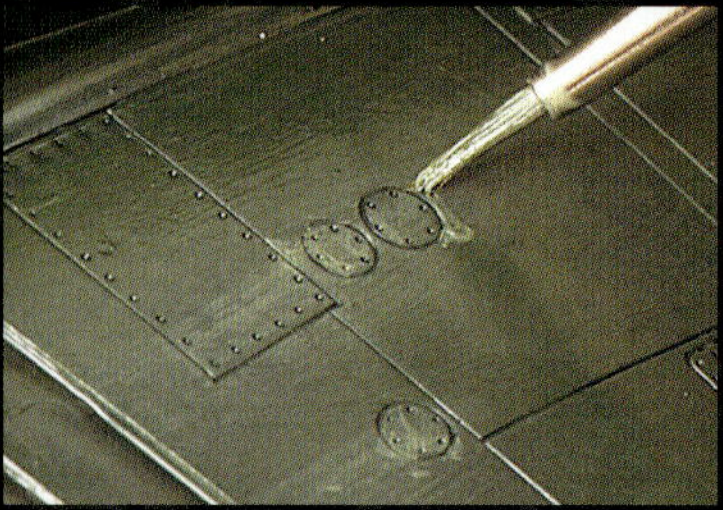

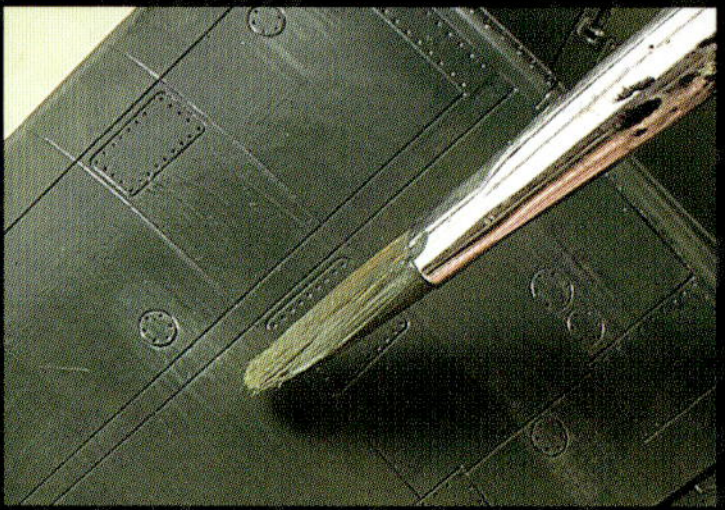

▶日本海軍用に売られているラッカー系の暗緑色に黄色と茶色と白をドカっと混ぜる。配合比は写真で見たとおり。絵皿に残っているのは前回作った暗緑色

◀なんの根拠もないけど丸い蓋の周囲にやや明るい暗緑色をかすらせている。単調さを避ける表現なので、実機がこんなになってるかどうかは全然不明です

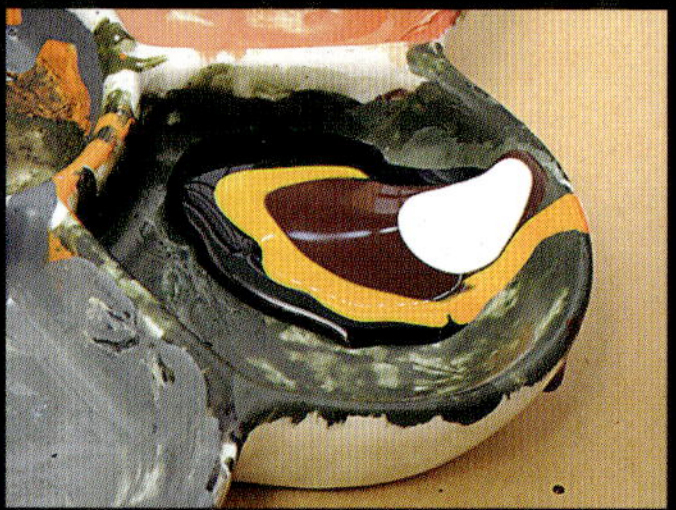

上は、後で銀ハゲを描き込む丸蓋の周囲に明るい色を入れてるところ。風防の枠は透けるのを防ぐため一度黒で塗ってから、機体色で塗る。全体の塗りが塗りだけに枠が少々歪んでも気にならない。でもあまりにひどいところは、楊枝で削って修正

右で塗ったのが乾くとこんな感じ。下地の黒が泣いてすでにムラムラだが、さらに明るい色を適当におき変化をつける。パネルごとに色を変えたりすることもあるが、あまりそういう規則性に囚われるとくどい感じになってしまうのでほどほどがいい

自分が塗ってるところの写真を見ると、あまりにもヒドイのでむしろ感心するな。さっさと塗れる気持ちよさはあるが途中で「どうしよう」かと途方に暮れることもある。技術的にも格別説明することもなし。こんな塗り方でもなんとか完成するのよ

いくらなんでも、もう少していねいにやればもっといい物ができそうだ。という元気がでる技法（ローガン）

銀ハゲの描き込みは始めると、機体の表情が劇的に変化してくるのでおもしろくておもしろくて、ついついやり過ぎてしまう。以前はやりすぎたら下地塗装を傷つけずに拭き取れるようエナメルの銀を使ったりしたが、ラッカーの上にそのままラッカーの銀を塗ってしまってもなんら問題がないことが判明。ただし、この工程は仕上がりを左右するところなので、今まで神経使わず雑に飛ばして備蓄した余力の全てをつかって繊細に作業する必要がある。なるべく細かくていねいに入れ何度も見直し、少しでもやりすぎたところがあったら徹底的に修正してゆく

やり過ぎたら迷わず消す

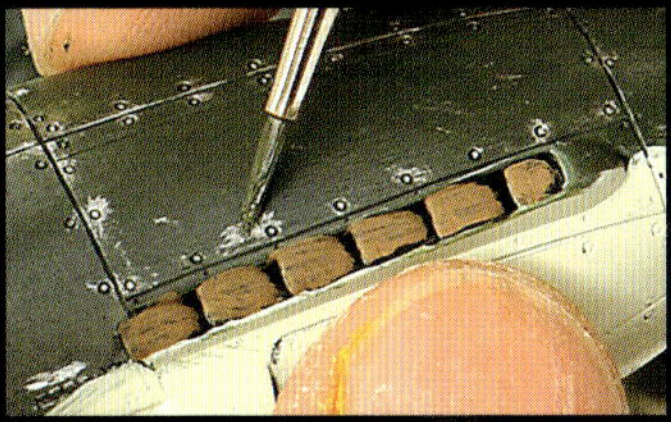

塗りが多少大雑把でも、クリアーを塗ったゴーグル、半ツヤの顔と飛行帽、水性ガッシュの完全ツヤ消しで塗った飛行服など、ツヤをコントロールすれば、フィギュアはけっこうよく見える

A味方識別帯は赤を足してオレンジ色にした方がきれい。B暗緑色にいきなり黄色を塗ると透ける。C透けたらもう一度塗る。Dはみ出したら楊枝で削る。Eそれでも間に合わないところは暗緑色で修正。エッジ部分さえきれいなら他の部分は少々歪んでいても気にならない。F目立つところなので、カッターでスジ彫りを入れ直した

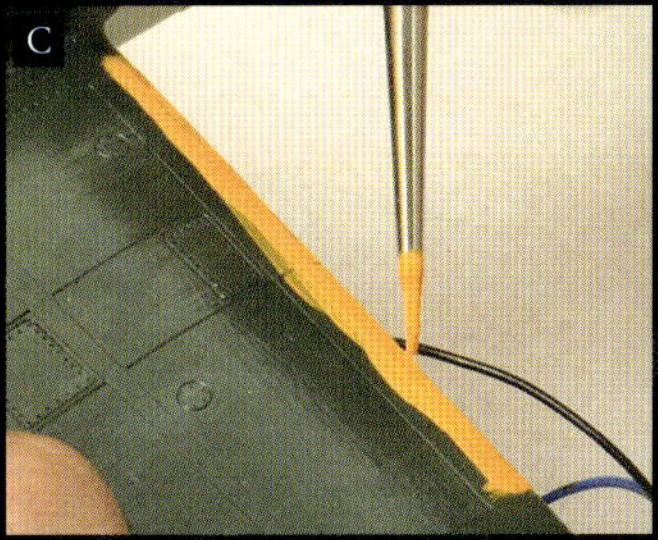

編集F：濃緑色に黄色を混ぜているのは色に深みを出すためですか? ローガン：……黄色入れるのは、黄色っぽくするためだよ。編集F：……ああ、なるほど。識別帯の黄色に赤を混ぜているのは、赤っぽい色にしたいからですか? ローガン：……赤っぽい色にしたいから赤を混ぜているんだよね。佐竹：わはははっ、そうですよね。赤っぽい色だったと思うんです。(飄々と語る会話が抱腹絶倒の佐竹さんとの対決だったが、編集Fは鋭い質問でさらに場を盛り上げてくれたのであった)

愛知 M6A1 晴嵐

タミヤ 1/48 インジェクションプラスチックキット

AICH M6A1 SEIRAN TAMIYA 1/48 Injection Plastic kit

晴嵐といえば
すぐに鈍重なフロートを装着した姿が浮かんでくる
しかし実戦投入に際しては、フロートなしで発艦
目標を奇襲してから母艦の近くに不時着水して
乗員だけを救出する予定であった
フロートのない晴嵐は800kg爆弾を積み
高速で飛ぶことだけを目指し贅肉のまったくない
凄味のある秀麗さで飛ぶはずだったのである

昭和20年8月16日
ウルシー泊地の対空監視兵は
帝国海軍最後の攻撃機を見た

晴嵐はパナマ運河攻撃用の機体として設計された。しかし攻撃実施の前に米艦隊主力は大西洋から太平洋に移動。攻撃の意義が薄れてしまったため、晴嵐を搭載した潜水空母はウルシー環礁に設けられた米海軍基地を攻撃することになった。攻撃予定日時は8月16日。出動前日に終戦を迎え、とうとう晴嵐は実戦参加への機会を逸した。一説によるとウルシー攻撃の晴嵐は欺瞞のため米軍の星マークを描いており、終戦の報を受けた時、戦争犯罪に問われることを恐れ、いち早く晴嵐を海に投棄してしまったといわれている。万一それが事実としても星マークの晴嵐なんて作りたくないね

飛行機模型大名モデリングを理解するには まずは大名風呂から説明しましょうか。

松本州平×ローガン梅本

そうはいっても分かったようで分からない"大名モデリング"
というわけでここは一発、大名モデリング提唱者であるローガン梅本が
大名モデリングとは何かをうすらぼんやりとしか把握していない
熟練モデラー松本州平先生を相手に「下々の者の手本となる大名の心得」を伝授!
真っ昼間の上野でビール片手に繰り広げられたその放談の結末、そしてモデリングの極意とは一体なんなのか
模型の話のはずなのにお風呂の話からスタートするその意味とはどんなものなのか
そして趣味の家来にならず、大名として主導権を握って趣味を楽しむ極意とは
読んでみないとわからない、読んだら今日からアナタも"大名"になれる大放談、はじまりはじまりなのである

ローガン梅本（以下ロ）　まずひとつお聞きしたいんですが、州平先生はぬるいお風呂に入ってだんだん適温まで暖めていくのと、我慢して熱いお風呂に入って、段々ぬるくなってゆくのと、どっちが好きですか？

松本州平（以下松）　なんちゅう質問じゃ……。まあワシは家で虐げられていて、いっつも風呂に入るのは一番最後なんすよ。そうなるともうぬるくなっとるから、追い炊きしてそれが暖まるまで浸かっているという……。好き嫌いというか、そういうパターンっすねえ。

ロ　じゃあもしお風呂の温度を自分の好きにしていいと言われたら？

松　適温ですねえ。最初から適温にしといて、ぬるくなったらまた追い焚きする。

ロ　最近はお風呂も近代化されてるから、追い炊きなんかも手軽にできるようになったけど、昔のお風呂はそうはいかなかった。ローガンは子供の頃、ほとんど水のようにぬるいお風呂に入って、それから適温まで焚いてもらうってのが好きでした。それを実家の母は「大名風呂だ」というわけですよ。

松　はァ。

ロ　適温だって入った時はちょっと熱いじゃないですか。子供には。でもぬるいとスッと入れる。で、ジッと入ってると寒くなるから、徐々に温度を上げていって、適温にしてもらう。これが非常に贅沢だというんです。

松　ワシはねえ、子供の時はあつく湧かして、それを水道で冷まして、適温のところで入る感じやったねえ。

ロ　そう、今、先生が言ったように水でぬるくして、そこからまた焚いて適温に戻す。燃料が無駄でしょ。だから「大名風呂」。

松　で、これなんの話なんすか？

ロ　これがなんの話かと言うと、低級飛行機模型指南は別名「大名モデリング」というんです。なぜ大名かと言うと、プラモデルは普通に作れば普通にできるところを、最初はわざといい加減に作る。水でうすめて、ぬるく作るんです。コクピットの奥の方、指でつまめない、老眼では見えないような小さなレバーとかはつけない。そんな部品は接着したってパイロット乗せたら見えない。むしろフィギュアを座らせるのに邪魔なんてこともあるから。普通の人だったら、貼っちゃったら塗れないパーツは先に塗っとくでしょ。でも、いちいち塗らないと先に進めない、一度ニッパー置いて、塗料の蓋を開けたり閉めたり筆を洗ったりするのはストレスじゃないですか？

松　そりゃねえ、そりゃあるよ。もうコクピットなんか作んなくって、後で真っ黒に塗っちゃっておきたいもんねえ。

ロ　『マシーネンクリーガー』の横山 宏先生とかもよくやってるけど、コクピットなんて塗らないでまず胴体をパッと左右貼り合わせてちゃう。貼らないでおいておくと気になって、塗らずにはいられないじゃない？　で、塗ってるとコクピットを塗っただけで疲れて、もうそれで終わっちゃったりする危険性もある。出来心で余計なディテールアップなんか始めちゃったら大変だよ。実際。だから、いきなり胴体接着しちゃう。もうそれで諦めがつくから、あとは筆が届くところだけを爽やかに黒くグリグリっと塗ればよろしい。

松　もう塗らずにコクピットをいれちゃって、そのまま固めて後から筆の届くとこだけ塗るんですか。はぁ〜。ＡＦＶとかはそういう感じでやる人はおるねえ。

ロ　お風呂も一緒ですよ。適温をぬるくするのがもったいないとか言ってると、熱いから入るのやめようかという感じになるじゃない。でも思い切ってでぇ〜〜っとうめちゃうと、スルっと入れる。飛行機模型も、めんどくさいパーツはまず捨ててしまって、取り付けない。コクピットも「最初にこれを塗って、その後にこれとこれをくっつけてまた塗って……」なんてことをやっていると、そこで精神力が尽きるじゃない。だからそこをやめて、いきなりぬるくしちゃうわけ。で、諦めてべたっとくっつけて、そのまま作って完成に近づいてくると余裕が出てくるじゃない。お風呂で言うと追い炊きで適温に近づいてくるわけよ。そうなってきたら、余裕で最初よりも丁寧にやる。最後の最後は、拡大鏡で見て細かなひっかき傷を描き込んだりする。それがね、大名モデリングなわけですよ。おわかりでしょうか？　大名風呂がわからないと理解できんでしょ。だっはははは。

松　イヒヒヒヒ。わかるわかる。確かに早く左右の胴体をくっつけてえなあというのはある。あともう一個イライラするのが、最後までキャノピーのマスキングを外せないってとこなんすよねえ。最終的にコートを吹くまでずっと外せないじゃないですか。あれがねえ……楽しくないわけですよ。気分としては窓枠を塗った後にすぐ剥がしたいんだけど、飛行機の模型ってそれができんじゃないですか。そのへんはちょっとイラッとする。

ロ　でしょ？　それはコクピットがもう塗ってあって、その上にキャノピーが乗っかってて、上からエアブラシ吹いたら隙間から塗料が入っちゃうというような状態だからですよね。でも大名はハナからコクピットなんか作らないから、キャノピーなんかつけないで缶スプレーでもなんでも使って、がーっと塗って、塗料が中に入ったら入ったでべつにそれでいいわけですよ。塗料がコクピットに入っちゃったらそこに黒をゴニョゴニョっと塗って、とりあえずパイロットを乗せて、肩の周辺に少し見える所にちょっと機内色塗り足したりしたら、ほとんど何も見えないですよ。

松　パイロットを乗せんでも、キャノピーを閉めちゃえば中は何も見えねえもんなあ。

ロ　基本、パイロットは必ず乗せるからねえ。人がないのは「人気なし」ってのは横山先生のセリフだけど、これはねえ、さすがにムサビの先生やってるだけのことはあって言うことが違うなって思いましたね。というわけでコクピットにパイロットを入れると、計器板なんてもうほぼ見えないっすよ。

松　単にキャノピーを開けなかったら、かなり楽になるんすよね、実際。

ロ　キャノピー開けるって、開ける部分をマスキングテープで塞ぐわけ？　そのためにはここを先に作って塗って、その次にこれをくっつけて……塗ってとか、頭をだいぶ使うでしょ。工作の作業と塗装の作業って質的にだいぶ違うから頭の切り替えにとても疲れる。

松本州平

1957生まれ。横浜氏在住。'80年代から模型誌で作例を発表するベテランモデラーにして絵本作家、イラストレーター。現在も『隔月刊スケールアヴィエーション』にて作品を発表。「改造しちゃアカン！」など模型にまつわるインパクトのある名言を数多く連発したことでも知られる

松 タイムスケジュールは考えるねえ。

ロ もうタイムスケジュールも、段取りも考えない。とりあえずやりたいことからやる。やりたいだけやる。野生ですよ。

松 げっひっひっひっ！　野生のモデラー！

ロ こういう作り方だから、組み立てはじめて、1時間位でもう飛行機の形にしちゃう。

松 AFVモデラーとか、部品を全部くっつけて、ほぼ完成してから塗るじゃないですか。あれはうらやましいわな。

ロ 州平先生もAFV作ってたじゃないですか。この本は飛行機モデラーの皆さんが買う本なのであえて解説しますが、偉大なAFVモデラーで『月刊アーマーモデリング』誌の初代編集長だった土居雅博さんがですね「塗れないところは見えぬとこ」と言う至言を残しておるんですなあ。彼は履帯まで、全部パーツを接着しちゃってから塗ってたよ。

松 それ聞いたことあるわ。

ロ これはねえ、飛行機モデラーの皆さんもよ～く考えていただきたい。コクピットを先に入れちゃったら塗れない。でも塗れないということはこれはもう見えないということですよ。そりゃすよ。懐中電灯かなんかを使って気合を入れて覗き込んだりすれば見えるとは思うけどね。でもそんな女風呂を覗くような真似をするから不幸になるんですよ。

松 アンテナなんかも全部くっつけちゃって、で、筆で塗ればいいわけか。

ロ もう最近は筆ですらめんどくさくなってきちゃったから缶スプレーがメインですね。

松 だはははははは！　そういう手はあるなと思うんですよ。最近は飛行機でもフィルタリングしたりするじゃない。基本的な工作や塗装を終えて、そういう工程にまで辿り着くと、製作がすごく楽しいわけですよ。

ロ だからそこまでのつまらないところを全部飛ばす。ホントの大名はそういうところを飛ばすわけですよ。家来が全部やるから。でも偽大名のローガンには家来がいないから、もう最初からやらない。マスキングせずとも苦しゅうない、サーフェイサー吹かずとも苦しゅうない、というわけですわ。

松 うひゃひゃひゃひゃひゃひゃ！
アホやな相変わらず……。でも、それちょっとやってみてえのう。1／72くらいやったらそれでバッチリやと思うわ。

ロ それどころか1／48、1／32までは平気っすよ。1／24はさすがにやったことないけど。1／32なんてコクピットが大きいだけに何か追加工作をやろうなんて気になりやすいからたち悪いっす。あの大きなコクピットを塗装もしないで胴体左右貼り合わせちゃうのには少し度胸がいりますねえ。でも貼っちゃえ

松 すげえなあ。ワシも昔買った食玩の飛行機とかあったりするんですよ、1／144の。ヒマな時にあれにスミ入れして汚したり、フィルタリングして遊んだりしとったねえ。

ロ そういうのは楽しいでしょ。

松 すっげえ楽しい。

ロ さっき言ったように、みんな本当の大名じゃないから家来がいない。家来がいたら途中まで作らせるんだけど、いないから今の松本先生のように食玩工場の中国の労働大衆を家来に見立てて、食玩を塗ったりとかね。とにかく一番面白いとこだけをやる。つまんないところは一切やらない。もしくはホントに必要最低限だけしかやらない。

松 なるほど「ここのラインが間違ってる！」とかいって、作り直すようなのはとんでもない、余計だということやね。

ロ そういうのはもう州平先生が昔から言っているように、味ですよ、味。メーカーさんの個性、キャラクターですよ。ラインが違うってのはモデラーから見てそう見えるということであって、仮に本物が目の前にあってそれと見比べたって、そのラインが正確なんだか違うのか、大きさが違いすぎてよくわかんないっすよ。ツヤも質感も本物とプラモデルでは全然違うし、もうこれはね、いいんですよ。果てしなく手がつけられない感じで。それを言っちゃうとメーカーはどうやって正確なキット作ってるんだって話になっちゃうけど、そりゃまあやっぱり企業秘密でしょ。

松 イヒヒヒヒ。まァ、多分おっさんが仕事として、淡々と作ってるんやと思うけどね。

塗れないということは
これはもう見えないということですよ

短い人生でそんなことをやっていてはね、豊かな模型ライフは送れません

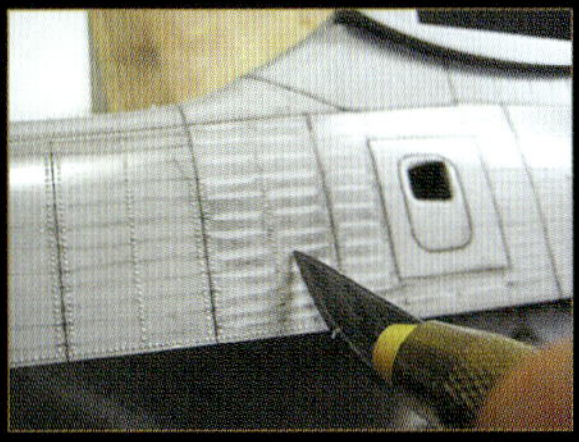

松本先生による作品の数々。対談でも触れられているように力が入れられているのは外板の処理。モールドを全て削って彫り直すといった工作が作品を引き締める。ローガンのようにやりたいとこだけではなく機体全体にそんな工作を加えてるところが実直な人柄を窺わせますなあ

「ああもう今日はやる気出ねえなあ、帰りてえなあ」って思いながら作ってるのかもしれないわけですよ。でもファインモールドの金さん(鈴木邦広社長)が言うには、飛行機モデラーってのは目が鋭いから、例えばメッサーの機首のラインが0・1㎜違ってもわかるんだって。で、0・2㎜違ったら「この飛行機はメッサーじゃない」って言われてしまう。だからあそこの飛行機は最後の仕上げは社長の金さん自らがヤスリで金型を削って微調整するそうです。

松　模型屋さんで売ってるのはそういうふうに苦労をして作ったキットなわけや。それを素人がいじるなんてのはもってのほか。無礼者そこに直れって、お手討ちにされるわい。

ロ　大体サーフェイサーなんか吹いたら0・1㎜くらい平気で変わっちゃうじゃないのと。というわけでこういう作り方はねえ、単純に面白いんですよ。松本先生も今度やってみてくださいよ。ローガンがいくらやっても、もう「あれはああいう奴だから、好きにやってれば。死ぬまで」って言われちゃうし……。

松　うはははは。ワシがやってもねえ、そんなには変わんないっすよ。

ロ　いやいや、州平先生はね、最近は巨匠ですから。普通のすごく上手いモデラーですよね。もう昔日の色物モデラーじゃない。

松　でも今でもいろんな人に文句言われまっせ。というか、今ってローガン君とかＭＡＸ渡辺さんとかが、かつてのワシみたいな位置にいるよね。目新しい作り方とかを一生懸命に考えて、ていねいに説明してくれてるし。

ロ　そういうことをやってる目的はシンプルに「命短し作れよモデラー」なんですよ。

松　イヒヒヒヒ。確かに！　もう絶対、家にある模型は全部作れんもんね。

ロ　1／48の飛行機の操縦桿があるじゃないですか。あれをね、マスキングしてエアブラシで塗ったりする人もいるのよ。なんでそんなことするの、と聞いてみたら「いや、塗装がムラになるのがイヤですから」って言うんだけど、操縦桿だよ？　短い人生でそんなことをやっていてはね、豊かな模型ライフは送れませんよ。大名としては、それちょっとできないす。殿がそんなことをやってたら、藩士とか下々の者が真似したりするでしょ。やっぱり武士は庶人の手本にならなきゃいけないからねえ。森 進一ではないけども「世の中の傘」にならないといかんわけですよ。「こうやっちゃいけない」とか「その作り方は変だ」とかいろんな批判が飛んでくるでしょ。特にインターネットとかで。

松　とにかく他人を批判するのが好きな奴っておるからねえ。

ロ　そういうのを防ぐ傘にならんといかんわけですよ。低級ってのは名前の通りで、飛行機模型の作り方としては最低。ボトムラインにあるのがこの作り方ですよ。この最低の手抜き頓馬なローガンより、もうちょっとだけ頑張ると「まあアレよりはいいだろう」と少し褒められたりするわけ。ローガンはその最低ラインで、サイパン島守備隊のように身を挺し、太平洋の防波堤になってるわけだ。

松　まるでかつてのワシのようや。

ロ　そう、その通りでございます。州平先生のように偉大な先人がいたから、こういう作り方ができるようになったんですなァ。

松　ガンプラなんかも最近は色々と厳しいもんなあ。設定通りに作らないとダメって、一時のスケールモデルのようやもんなあ。

ロ　その昔は、スケールモデルが考証考証で息苦しいからって、スケールモデラーがガンプラをミリタリーテイストで作って自由に楽しんでたのに、今はガンプラモデラーの方がむしろ厳しいもんね。スケールモデラーはたいていおっさんになって疲れてきてるから「まあこんなもんでもいいんじゃねえかい」みたいにゆるくなってる人もいるけど。

松　フヒヒヒヒ。スケールモデラーの方がボケてきとるもんなあ。おおらかというよりはもう細かいことが、どうでもよくなってきとる感じもするねえ。

ロ　どうでもいいのと、単純にボケて間違えることも多くなったんでしょうかねえ。ガンプラモデラーはまだ若くて元気だから、その元気さが厳しさにつながっておるのですよ。スケールモデラーは、キャラクターのモデラーを舐めている傾向があるけど、キャラクターモデリングはとても厳し

い世界ですよ。

松　フルスクラッチビルドで、とんでもないものを作る人がいっぱいおるからねえ。

ロ　ガンプラは世界大会もあるしねえ。今にキャラクターモデラーからスケールモデラーが馬鹿にされるようになりますよ。

松　ワシはけっこうガンプラの展示会とかにも顔を出すんですけど、やっぱそれは実感しますね。腕もアイディアもすごい。アイディアだけは自由に発想できるからいろんなもんを取り込んでくるし、テクニック的にもそうとうコアな部分まで来てますよ。

ロ　それに負けないようにするためには、年寄りなりの知恵を働かせて、無駄なことはしない。見えないところを作るとかは、やっぱり無駄なんですよ。で、節約したエネルギーで見えるところ、目立つところに全力を注いで勝つんですなァ。えーっ、まァ、誰かに。

松　今後、模型の初心者は「スケールモデルの方が入りやすい」みたいな感じで逆転するんじゃないかと思ってて、ワシらの世代の先輩方になるとけっこう厳しい人が多かったけど、ワシら以降って比較的ゆるいじゃないですか。だから今の30～40代のスケールモデラーって「ここが間違ってる！」みたいな指摘を受けた経験ってあんまりないはずなんですよ。だからスケールモデラーって年々ゆるくなってるんじゃないのって気がしていて。彼らは「いいじゃん、ちゃんと箱んなかにパーツ入ってるんだから、そのまま組めば」って思いますねえ。余計なことは考えない。

ロ　さっき言ったように、スケールモデルって普通に売ってるキットの時点で適温を超えてて、熱いんですよ。すでに。最近のキットは箱も厚いでしょ。一回箱からパーツ出すともう元に戻せないくらい部品が入ってるでしょ。もうこんなにいらないですよね。

松　いろんな別バージョン用の部品が入ってて、結局1／3くらいは不要パーツとして捨てることになるキットもあるもんなあ。

ロ　『風立ちぬ』を見てから九六艦戦を作ろうと思ってスペシャルホビー1／32のキットを買ってきたら、コクピットやエンジンにレジンキャストやエッチングのパーツを使うようになってて、とてもじゃないけどいらんわけですよ。細かすぎて、工作が面倒で。コクピットも、エンジンなんかも完成したらたいして見えないし。もうそれ見ただけで作る気がしなくなったっすねえ。エンジン完成させないと組み上がらないし。昔のキットと差別化したいんだろうけど、いらんとこを差別化してもね……。どうせ差別化するんだったらフィギュアをつけるとかして欲しいね。

松　昔のマッチボックスの1／76の戦車みたいなねえ。色々なベースが着いていて。

ロ　そう！　あれ！　ああいうドラマを感じるようなものをね、つけてほしいなァ。

松　マッチボックスのキットは、いまだにレベルから再販されてるのもありますよ。

ロ　あれだってね、直接キット化してる模型には関係ないオマケじゃないですか。キットに付いてるベースに弾痕があって水が溜まってたり、風紋がある砂漠に牛の骨が転がってるとかね。あれはもう雰囲気なんですよね。飛行機もそういうのをやればいいのにねえ。

松　やらないですねえ。

ロ　一番目立つ、みんなに注目されるフィギュアを作んないで、ロクに見えないようなエンジンを頑張って体力と知力、時間を消耗したりするのは本末転倒じゃないすかねえ。

松　アカンよなあ。昔のモノグラムのキットにもフィギュアとか入っとったじゃないですか。あいうの見るとねえ、もう、すぐ作りたくてワクワクしてきたんですよ。今はワクワクするキットが少ないよねえ。

ロ　昔から「フィギュアは箱を開けたらすぐに捨ててます」みたいな人もいましたからねえ。まあローガンもコクピットのこまか過ぎるパーツをいきなり捨てたりしてるんだけど。コクピットのパーツを作り込むのが好きな人はいると思うんだよね。それはいいんだけど、ものすごくコクピットを作り込んでキャノピーを取り付けてマスキングして、というところまでで、模型を作るパワーが100あったのを70くらい使っちゃうんじゃない。もうかなり疲れてるでしょ。そうなると後はざっと迷彩して、ちょこっとスミ入れとかして、まあこれでいいかってなっちゃう。フィギュアやベースなんてまったく作る力は残ってないでしょ。そういう模型って、悪いけど、一見してあまり面白くないんだよね。コクピットまでのぞき込んでくれれば、その作り込みに感心してくれるけど、普通の人はコクピットまではのぞき込まないですよ。

松　いや、そうかな。コクピットを作り込むのがいちばん好きって人は確かにいるし。ワシは最近でもコクピットは作り込むけどね。

ロ　それはまだパワーに余力があるんです。

松　基本的には君の言ってること全部わかるんですよ。だから最近ワシが凝ってるのって外板の処理なんですよね。コクピットを頑張って作っても、機体の全体を占めてるのは外板なんだから。フィルタリングしたりパネルラインを強調したりと方法は色々あるんですが、それは面白いなと思いますよ。あとワシに関して言うと面白い模型を作りたいってのが先で、それは決して本物の通りの模型を作りたいということではないんですね。退屈しないような飛行機を作るにはどうしたらいいかなってのは、よく考えますね。

ロ　イメージの表現だからねえ、そりゃ実機の通りにはならないですよ。だから本物ではあり得ないようなことだってするし。本物にとらわれて「本物がこうなってるからこうしないといけない！」とかね、そういうふうにして作るのはもうモデラー自身が模型の家来になっちゃってる。主従関係を変えて、モデラーが殿にならないといけない。

松　出たねえ、大名。

ロ　自分がこう思うんだから、これだって好きにやれるのが大名のいいところでしょ。

松　基本的には作ってる自分が楽しめないとつまんないっすからねえ。

ロ　あとはねえ、そのへんのおねえちゃんが見ても「おっ！」と思うようなものを作らないとつまらない。いくら飛行機を一生懸命作ったって、普通の人はそもそも興味ないんだから見やしない。努力が報われない。

もうモデラー自身が模型の家来になっちゃってる 主従関係を変えて、モデラーが殿にならないと

松　飛行機に興味ない人が見ても面白い模型を作るってのは難しいの。

ロ　一般の人の関心を惹くのに手っ取り早いのは犬とかネコとか、ケダモノですね。まずは。主翼で猫が寝てるとか、アンテナに鳥が止まってたりとかね。「おっ!」となってそこしか見なかったりするけども。でもアンテナに鳥が止まってるとまずそこを見て、ちょっと視線を横にそらすとコクピットのなかが見えて「あっ、すごい」となるかもしれないけど、まずアンテナの鳥がいなかったら何も見もしないですっと通り過ぎちゃう。ケダモノとかを利用して、自分が工作や塗装を頑張った所へ視線を誘導するように考えて作る。

松　昔から「どれだけ模型を広めるか」というところで一貫してるな。言うことが。

ロ　先生のやってることと基本的にはそんなに変わんないですよ。絵を描こうって時につまんない絵はわざわざ描きたくないでしょ。

松　他人に作品を褒めてほしいという以前に、自分の作ったものに興味を持ってもらいたいなと思うじゃないですか、普通。

ロ　自分も楽しんで人も楽しめるようなものを作りたいですよね。模型はどうしても作った自分は楽しいけど他人は楽しめないものって多い。説明しないとわからなかったり。お前の講釈は聞きたくないというような……。

松　少なくとも展示会で見せようとか、そういう場合は他人からどう見えるかもちょっとだけ考えたほうがいいかもなとは思います。食玩塗ったのとか、自分のためだけに作ったものってあんまり見せたくないもんね。

ロ　見せればいいのに。面白がって作ったものは、案外他人が見ても面白かったりする。

松　そのうち見せるかもしれないですけど。他人に見せる以上は楽しんでもらうことを考えないとダメだよなあと思ってますねえ。展示会とかで入場料自体はタダでも、会場まで行くのにお金や時間がかかったりすることもあるんで。

ロ　自分だけのことを考えるな。

松　下々のことも考えろ。

ロ　おっ、調子出てきましたね。殿も。大名はね、モデラーの未来、押入れに入ってる在庫の消化も考えねばならない。模型業界の未来も考える。モデラーが減って、小売店がなくなり、メーカーさんも廃業、このまま模型が滅んでしまったらどうするか、君は。

松　ワシ等のように昔のモデラーはスケールものならスケールものしか作らないじゃないですか。でも、今の30代、40代のモデラーっていろんな物を作るんですよ。ネットで見るとね。うまい人、多いっすよね。ワシが昔言ってた「改造しちゃいかん」をそのまま実践してて。筆塗りでね、エアブラシも使うんですけど、めっちゃうまい人が多いですよ。

ロ　やっぱり。何もかも先生のおかげです。

松　いやいや何をおっしゃる。まっ、そういう意味ではね、ローガン流を実施している人がけっこういるんですよ。

ロ　わたくしなど、松本先生、横山先生の弟子ですから。みなさん、大名の上だから、将軍。ゴーショーグン、征夷大将軍ですよ。

松　ホントに最近は、コクピット閉め状態で、箱に入ってるパーツだけ使って筆塗りで、めっちゃうまい人がいるんですよ。

ロ　なんかね、変な欲を出さない方がいいんですよ。箱に入ってるパーツだけで全力を尽くすとか。ディテールアップで使うのは伸ばしランナーだけだとか。それって楽なんだよね。余計なこと考える必要なくなるから。気持ちが爽やかでなにか楽しくなる。

松　ディテールアップのアフターパーツなんて買って来ると高いしな。安くないよ。

ロ　えっ、将軍様がそんな貧乏なことを。

2016年2月15日、東京都アメ屋横丁にて

面白がって作ったものは、案外他人が見ても面白かったりする

まだ日の高いうちから飲み始め、気がつけば随分いい心持ちに……。しかしさすがに松本先生。ローガンのスジが通っているんだかどうなんだかという大名理論を的確に飲み込んでくれ、やはり"将軍"は違うと思った次第。これからは松本将軍と呼ばせていただきます

飛行機模型低級技術指南

飛行機大名モデリングのすすめ

模型製作・文／ローガン梅本
編集／石塚 真　スケールアヴィエーション編集部
撮影／株式会社インタニヤ　石塚 真
アートディレクション／海老原剛志
協力／松本州平

発行日　2016年4月28日 初版第1刷

発行人　小川光二
発行所　株式会社 大日本絵画
〒101-0054 東京都千代田区神田錦町1丁目7番地
Tel 03-3294-7861（代表）
URL　http://www.kaiga.co.jp
編集人　市村 弘
企画／編集　株式会社アートボックス
〒101-0054 東京都千代田区神田錦町1丁目7番地
錦町一丁目ビル4階
Tel 03-6820-7000
URL　http://www.modelkasten.com

印刷／製本　三松堂株式会社

Publisher/Dainippon kaiga Co., Ltd
Kanda Nishiki-cho 1-7, Chiyoda-ku, Tokyo 101-0054 Japan
Phone 03-3294-7861
Dainippon Kaiga URL; http://www.kaiga.co.jp
Editor/Artbox Co., Ltd
Nishiki-Cho 1-chome bldg., 4th Floor, Kanda
Nishiki-cho 1-7, Chiyoda-ku, Tokyo 101-0054 Japan
Phone 03-6820-7000
Artbox URL; http://www.modelkasten.com

ISBN 978-4-499-23179-4

内容に関するお問い合わせ先　03(6820)7000 ㈱アートボックス
販売に関するお問い合わせ先　03(3294)7861 ㈱大日本絵画